AOS MEUS HOMENS

MARCELO RICARDO

AOS MEUS HOMENS

Todos os direitos desta edição reservados à
Malê Editora e Produtora Cultural Ltda.
Direção: Francisco Jorge & Vagner Amaro

Aos meus homens
ISBN: 978-65-87746-36-4
Capa e ilustração: Adilson Passos
Projeto gráfico: Adilson Passos
Edição: Vagner Amaro
Revisão: Léia Coelho

Texto revisado segundo o novo Acordo Ortográfico da Língua Portuguesa.
Proibida a reprodução, no todo, ou em parte, através de quaisquer meios.

Dados internacionais de catalogação na publicação (CIP)
Vagner Amaro – Bibliotecário - CRB-7/5224

R488a	Ricardo, Marcelo
	Aos meus homens. / Marcelo Ricardo. Rio de Janeiro: Malê, 2021.
	204 p.; 21 cm.
	ISBN 978-65-87746-36-4
	1. Poesia brasileira I. Título
	CDDB869.1

Índice para catálogo sistemático: Poesia: Literatura brasileira. B869.1

2021
Editora Malê
Rua do Acre, 83, sala 202, Centro, Rio de Janeiro, RJ
contato@editoramale.com.br
www.editoramale.com.br

ao meu pai
à sensibilidade das mãos dos homens pretos

Sumário

Petála preta | 13
Entre o corpo e o tempo | 15

Quando pequeno
Gabriel não era um anjo | 21
Balanço | 22
A terceira perna | 24
Primos | 26
Ijexá | 28
Aquendado | 29
Delineando | 30
Feiticeiro | 31
Borboletinha | 32
Milênios | 33
Gosto de ti e de tuas cicatrizes | 35
Consentimento | 37
Aos meninos | 39
Curió |42
Caderno de poesia |44
Patriarcas | 46
Periquitos | 47
Panorâmica | 48
Disfarce | 50
Brigadeiros | 52

Nego do outro | 54
Amigos | 55
Máquina de costura | 57
Manga | 59
Rei | 61
Esconde-esconde | 62
Pedra do raio |64
Mingau de almas | 65
Sentimento | 67

Das mãos dos homens
Sem título | 69
Adé | 74
Ébo | 76
Andar como homem | 77
Moleza | 78
Sem reboco | 79
Tenho ciúmes | 81
Orelha do livro deles | 83
Bori | 85
Afrógrafos | 86
Mais velho | 87
Heróis sobre feras | 89
Agouro | 91
Abebé de Oxalá | 93
Rezo para o sol em você | 94
Não me mande buquê | 96
Assanha | 98
Criatura | 100
Sem axé não rola! | 101

Arruda | 103
Cavalgada | 105
Oxê | 107
Desfruta | 108
Tiganá | 109
Fundo do mar | 111
Bixa do futuro | 112
Cargo de pai | 114
Conte à preta! | 116

Daqui
A gente que ama homem preto | 119
Premissa | 122
Farda | 124
Depressão | 125
Privação | 127
23 de abril | 129
Efaverinz | 130
Em touro | 132
Filé de peito | 134
Meu pai não me ensinou histórias de amor | 135
Meio Spike Lee | 137
É cheiro | 139
Menino capoeira | 140
Mel de frutas | 142
Flor da baobá | 144
Teu cheiro | 146
Roda-gigante nº 5 | 147
Traslado | 149
Axogun | 150

Riscos em idé | 152
Me chame de mãe | 153
Homens pretos, desejos brancos | 155
Por melhores |157
É osso | 158
Vivendo como irmãos | 160
Pare de chamar a polícia para nós! | 162

Para depois
Pedrinhas | 165
Sankofilia | 167
Dengo ele 169
Tâmaras | 170
Flor de alumínio | 172
Macacão | 174
Hemafrodita | 176
Boicote | 178
Os algoritmos não nos querem irmanados | 179
Procura-se | 181
Bastidores | 182
Pós-humano | 183
Honesto | 185
Os miúdos | 186
Tapete de Oxalá | 187
Valeriano | 188
Lágrimas | 190
Pedregulhos | 192
Eró! | 193
Tempo espelhado | 194

A língua das árvores | 197

Pétala preta

tem poeta que é um amuleto de sorte dentre tantas outras coisas, capaz de abrir uma porteira pra si e pra mais um mundo passar. muito honrado em ser leitor destes poemas que desabotoaram-me ao meio antes que eu me desse conta de que na verdade são pedaços de nós com a mais iluminada força da confissão.

quando um homem negro no sul da América coloca seus afetos pelo caminho, ele responde ao mundo com a humanidade no seu modo mais implacável, e tudo o que a história das Américas reserva a nós fica suspenso ao menos por um instante.

eu amo quando o poema encontra a dádiva de ser implosivo e explosivo confundindo a própria agricultura e seu processo!

cada vez que pude fazer essa leitura me foi revelado o quanto nossos processos carecem mais de ser semente do que colheita. nossas emergências são antigas, mas o poeta aqui em questão molha tudo deixando o fresco de uma chuva de agora há pouco.

seria descabido eu ficar aqui adiando sua experiência. sendo breve, o meu mais sincero desejo é que estes poemas deságuem, evaporem e chovam sobre o mundo cumprindo todos os seus propósitos neste tempo e nos outros, neste mundo e nos outros.

obrigado!

por Rico Dalasam
Rapper

Entre o corpo e o tempo

Conheci Marcelo Ricardo por meio de alguns de seus poemas postados numa rede social. Algo me dizia que ali havia uma voz diferenciada nesse vasto e variado campo que é a literatura negra. Passado algum tempo, ele aparece na coletânea Enegrescência e o indício se confirma: assim como está acontecendo nas redes sociais, na pesquisa acadêmica, na música e no cinema, há o aparecimento das vozes de negros gays e bichas pretas.

A voz negra e lgbt emerge na poesia de Alex Simões e de Gabriel Sanpêra, coetâneos, mas de temporalidades e experimentações literárias distintas. Marcelo Ricardo aponta seus próprios caminhos. Desenha, por exemplo, as visões de um menino negro, de uma infância entre casas, parentes e imaginações, dentre algumas agruras e delícias:

balança a dureza dos teus ombros largos
e isso mexe com os meninos, eles não sabem ainda intimidades

> *mas a gente sabe*
> *a gente se olha no espelho e*
> *pinta os olhos como voo de pássaros delineando o horizonte*

Delineando.

Às vezes no mesmo poema, ou de um para outro, o autor salta do tempo do menino para o tempo do homem. O corpo negro gay é traçado como elaboração de uma vida entre corporeidades distintas e semelhantes. É uma montagem: "entendi que corpo é um manequim / e a gente modela as melhores ilusões no rosto firme e pés dispostos no espelho" (Aquendando).

As corporeidades dissidentes assumem o lugar central, se transmutam em paisagens, se veem e são vistas nos espaços privados e públicos:

> *Diziam para andar como homem,*
> *Mas essa era sua oportunidade,*
> *Sua vez na vida,*
> *Sua passarela, seu caminho*
> *Por que não andar como uma bicha?*

Andar como homem.

Os corpos masculinos são suavemente escaneados, como nos indica Nelson Inocêncio, artista e teórico das artes negras. São corpos descritos e amados em partes e na inteireza:

tuas unhas ditando silenciosamente tuas carícias no meu peito
meus cílios mudando de canal como se fossem anos desta terra
estamos deitados sobre o universo
por baixo da noite do outro
de mãos dadas na luz do dia
tua cabeça sobre meu corpo

Heróis sobre feras

Há muitas marcas, a exemplo de cicatrizes, memórias inscritas na pele masculina. As masculinidades igualmente são visitadas e cuidadosamente expostas longe dos estereótipos de virilidade e agressividade. A violência contra os homens negros vem das instituições e podem ser bradadas com firmeza e sutileza: "pare de chamar a polícia para nós! / eu me sinto vivo, e sem documentos contigo". ("Pare de chamar a polícia para nós!").

Há rastro de dores e contra elas o amor, a amizade e outros afetos políticos. O amor vira dengo, termo que o escritor Davi Nunes prefere por sua africanidade face à palavra em português. Encontramos a dimensão da intimidade e a face do erotismo, como diz Audre Lorde, interditado às mulheres negras e que tem sido expressada, penso que também vedada aos homens negros gays por exigência da masculinidade tóxica.

O poeta assume uma posição "Sankofa", nome de um dos grafismos do povo Adinkra de Gana, que prevê o retorno a algo que se deixou para trás como base do caminhar para a frente: "eu voltei / para casa de meu pai / como ele fez ao meu avó / como meu avô queria, voltei" ("Sankofilia").

Neste sentido, toda uma ancestralidade transmutada no trabalho poético povoa o livro, a exemplo da presença ou passagem de orixás. Rituais aparecem delicadamente como ritos, memórias do sagrado e bastante humanos, alimentando e retroalimentando a vida.

Parafraseando Beatriz Nascimento, como fuga e busca diante do que tem sido escrito, sem que eu saiba o que o autor lê, do que e de quem ele se afasta e com que se identifica, é notória a procura por um caminho, o que deixa algumas rotas abertas e outras mais delineadas.

Alex Ratts
Antropólogo, geógrafo e poeta

Quando pequeno

Gabriel não era anjo

Uma vez um menino me disse assim: "quando você quiser pedir alguma coisa aos orixás, vai assim do lado de fora, no vento e pede". Criança é prática. Gabriel resolveu orixá numa palavra: vento!

Não entendi muito bem, na verdade era um menino de, sei lá, uns sete anos que estava me dizendo aquilo. Mas eu lembro que aquilo começou a fazer sentido tempos depois.

Ouvia muito os mais velhos dizerem "tão certo assim", quando caía alguma folha, ou passava um vento forte, quando se mencionava alguma situação que envolvia os orixás. Percebi que as divindades mantinham um diálogo constante, e se manifestavam como alguma ação da natureza. Sendo o vento a possibilidade de o imaterial tocar o material sem perder a qualidade de invisível, enigmático e simples.

Balanço

o balanço sozinho diz que ele não vai mais brincar
está só
com aquelas adivinhações

o quintal é uma mata fechada
para quem cheira mistério
ele tem fome de caracóis, que deixa a casa para trás
e o vestígio para o futuro que vai voltar

antecipa o relógio para ver o passarinho cantar
como se entendesse a mecânica da liberdade
vendo gota a gota do pescoço do galo
que salpica sua lagoa na terra
mesmo chão que se deixa persuadir pelas flores rosa
do jambeiro

ele pisa mato a dentro sendo encantado
pólens são apetrechos,
folhas são armas de uma mente inquieta
chove por sobre aquelas plantinhas que crescem em
suas pegadas
e por baixo ele sabe que é protegido ao ouvir que as
chances dizem vem

rola na areia, irmana pedras seculares
aprendeu a dançar consigo
tanto quando alguém o empurra, ele não cai
já sabe ser seu próprio balanço

A terceira perna

quando a perna de meu pai sucumbiu,
caiu na curta mentira:
não havia a terceira perna!
meu irmão já estava circuncidado de saber
e meu avô morreu sentado ao lado desta convicção

do tripé, ao fundo branco,
o escuro do meu corpo
revelado ao olhar de Mapplethorpe
sorri constrangendo as marcas do meu rosto
opondo-me a todos que me desmarcaram

certa feita minha mãe até marcou uma consulta,
por desencargo da consciência falópica
(ou falocêntrica)
do meu giro descontente de enlaçar um matrimônio
[de cavalo ou bull]
correndo foi que lasquei aos fundos

pensava:

casar como botões
que sobram na roupa de um pretinho
de casar carinho com cansaço numa cama
eternamente rosa

a rotina de *fast* fodas com detox de pornô chinfrim
e vitamina grossa e gostosa com bigodin de prazer

foi que descobri que masturbação era imaginar e
escrever fluido
só então eu li que a terceira perna da etun
cavucou o mundo, e achei o mais sensível do homem
a possibilidade de fabular a criação do seu desejo,
a insígnia da mutação,
do contrário, se não houvesse a terceira perna
seria nada mais que meninos mutilados

Primos

por baixo dos olhos de nossos pais
cresceram as expectativas sexuais para nós
aumentando em nus estacas de paus
que nos impedem a fortaleza
mas cresce, por não nos deixa à vontade,
mas cheios de malícias

às nossas mães ficou a missão de comprazer
de arrefecer as sutilezas do mundo
quando não, a maldição do olhar voraz
dos mesmos olhos que nos amaram ao nos despedir
de seus úteros

nós, tão primos e primeiros de nós,
guardamos os segredos sobre lençóis-cabanas
serenos-sussurros
cuecas cavernosas, tecidas ao sabor epitelial
de ti decorei o cheiro de visgo
e verti cascatas por sobre teu zíper
e rachaduras dos joelhos

brincando com a punitiva sensação da potência
testando entre nós a qualidade da reprodução
superando os membros
que cresciam descomunais a infância

permanecendo os olhos no detalhe de uma obra
que por baixo se escreve "não toque"
nosso mal não é de sangue,
é de seguir silenciando experiências
memoriais que no tempo emboscam qualquer
imoralidade que se diga ao que lhe é diferente

dada a matemática, é natural que:
inúmeros primos dividam-se com eles mesmos

Ijexá

uma baiana dançou para mim ijexá
eram cinco da manhã de um mundo deserto
o medo serenava nas minhas orelhas
e eu estava só no mundo do
lado de fora das casas de meus pais

seus passos lentos atraíram meus olhos ligeiros
tuas mãos me ninavam ao longe
com seu balançar silente
em que os tecidos que lhe adornavam ondulavam

não me olhava, mas me direcionava
pasmo de tanta beleza, não tive reação
não lembro de ter antes dali certeza das coisas
mas quebrei o encanto quando disse
"mãe, tem uma baiana dançando para mim!"

Aquendado

quando me perdia entre as araras
eu abri as cortinas de rendas e sedas do paraíso
pintei como menino num lugar de mulher
e saí salpicado dos pormenores do gênero

entendi que corpo é um manequim
e a gente modela as melhores ilusões no rosto firme
e e com pés dispostos no espelho
as etiquetas despedaçaram como penas que em mim,
gigante, não cabiam
e fui mais que brincadeira

decifrava os enigmas
que me diziam para manter segredo
eu tinha as curvas dos olhos
lá onde o oblíquo devora o obscuro
e as luzes cochichavam
aquele jeito sinuoso e lânguido

de entender que entre os lábios, folhas bíblicas,
que as mulheres folheiam e sibilam suas intimidades
rasgam o pau numa gravura delírio de seu prazer
nós, homens,
mal sabemos o manuseio oficioso das goivas

Delineando

os meninos me chamaram para abusar Gil
travei
odiei ri um riso sem graça
fui,
mas queria dizer:
pinta tuas unhas
veste teu shortinho
balança teus longos cabelos, deixa dançar no vento
como eu dançava escondido

sabemos que somos só matéria
eu que gosto de ter mãos na terra,
dedos grossos do barro
de dar de comer à árvore do tempo
você é cobra que anda de dois pés
passa por cima e por baixo do arco-íris
balança a dureza dos teus ombros largos
e isso mexe com os meninos,
eles não sabem ainda intimidades
mas a gente sabe
a gente se olha no espelho
e pinta os olhos
como voo de pássaros delineando o horizonte

feiticeiro

menino preto, não te contaram de suas belezas
tiraram as verdades de sua boca
te puseram pra dormir com a indecisão
rasgaram seus olhos em lágrimas e aconchegaram seu
ódio num lenço invisível e mudo

tua pele cresceu, estende-se abrigando os seus,
brigando pelos seus.
mas, ninguém é por você, menino preto

eles te envenenam e te enfeitiçam
eles são jovens vislumbres do neon
mal sabem da fumaça que em teus ares filosofa,
do vento que te cerca, dança de sua cabeça
mal sabem dessa água toda que habita um peixe fora
do habitat

você sabe dos segredos que não sei, sabe que eu sei
sabe que todo menino preto é feiticeiro
sabe converter as dores da realidade
nas fantasias de seus carnavais

Borboletinha

meu coração tem pernas,
caminha ao contrário
não me obedece, cede demais
me seda quando deveria ser bicho só

sobe por entre as rasuras das paredes que desenho
quando minto,
dança no vento
me expõe,
me desfaz
é casa, é coração, é casulo:
cabe uma explosão, um fim de mundo, um poema

curioso que na tenra idade me diziam, sem muita
delicadeza, que eu deveria ser borboletinha,
soube ter pés doces sobre ásperas cicatrizes,
barbas crespas em beijos embranquecidos e venenosos

do conto que enfada eu seria destruído,
antes mesmo de ter um final feliz,
mas desse "era uma vez", meu bem,
só me acertaram que cresci amando frutinhas

Milênios

do alto dos meus anos de 1999
eu vi o século afundar por baixo de meus pés
com o peso nas costas
de quem carregava sobre os ombros
versículos de um deus algoz

numa cerimônia divinamente deselegante,
meus desejos expostos em *slides* sentenciados ao pecado
me torturavam a carne e salpicavam de inferno
ainda que por baixo, eu pintasse com as mesmas cores
uma galáxia de possibilidades
escorrendo pelas extremidades
a criatividade de não conter no fim

mas de colorir a sorte de futuros possíveis
diziam que o mundo se acabaria
e minha pouca idade já lamentava os mil e tantos
que poderia ter vivido

hoje, aquele passado cristão
que forrou a mesa de convenções
em que minha mãe sentava com a certeza de intuir sua
espiritualidade sobre meu destino
projetando minha jornada na vida, no descortinar
daquela manhã em que o mundo se acabou

a voz do pastor não assombrava mais,
e os meus sonhos emaranhados
eram suaves lãs de ovelhas
e me vi sobre a TV, não mais o copo de água parada,
mas bebido por um rio que dançando me guiava
como as estrelas penduradas sobre as árvores
coberto por nuvens que as adoravam
como estufa de outros amanhecer

me vi deitado sobre galhos
na altura mais onírica
que minhas pernas já puderam subir
onde eu sou a própria palavra de Deus
em que deus respira na pulsar do meu coração
no que deus é o que minha cabeça pensa
e só assim que tardiamente
fiz de ti uma nova ideia de amor

recortando seu sorriso de nascimento e implantando
nos dias mais debochados
em que a gente não se encontra, mas te sinto
risco teu beijo como plantas que se entreolham
e por silêncio dizem tanto,
confio na tua oralidade
nosso invento:
no ano em que seríamos dizimados
você nasceu com todos esses futuros

Gosto de ti e de tuas cicatrizes

gosto de ti e tuas cicatrizes, homem
dessas que os olhos não me deixam desaperceber
pois enfeitam músculos e histórias

das fendas que anelam gentilmente seus dedos
às marcas que cascateam suturando sua pisada larga
imagino que esse rosto bonito,
já se estilhaçou
quebrando o espelho
mas, espero que sorria no visor do celular quando ler
"meu lindo", "meu preto"

certamente suas mãos estremecerão tais quais as estrias
que alargam as suas axilas em abraços
ou que se esticam atrás do joelhos na ambição de ter
nas mãos um fruto

sei que em certo ponto do teu ori existem falhas do
ímpeto moleque que resguarda
nos arranhões de cerol porquê valeu ter vales na
superfície do próprio corpo

nas emendas de sua barriga aberta,
vejo as brechas dos teus órgãos

que não souberam esconder borboletas
nas ondulações da camiseta, teu rasgo no oblíquo,
que tentou camuflar entre o cós e os pentelhos

a fissura de teus lábios contam segredos de fechadura
na minha língua de palavras-chaves
é a senha esse risco na piscada do seu olhar
são pedaços que se reencontram no adeus que as
dores deixam ao passar

reparo nos deslocamentos dos teus ossos,
as reinvenções de tua pele
essa tua queloide que aquilomba em sua defesa
as curas em que te escreve o sagrado
brinco de procurar as protuberâncias de tua cabeça
acho as manchas brancas que despigmentam teu
permanente negro

gosto de tuas cicatrizes, homem,
pois são firmes molduras
por onde prima a obra de uma preta

Consentimento

será que todos os homens sobre as mulheres
sentem suas frustrações molhar a mucosa
e seu pulsar desesperado do passado que a toca?

será que todos os homens sobre outros homens
sentem ser brincadeira de guerra o prazer
e a conquista de deixar o outro sem defesa
em remessas de dor
num coliseu televisionado do prazer?

será que todos os homens por sobre as travestis
sentem suas palavras navalhar a língua
na mesma fricção de na barbearia falar putaria
em consensual corte
que desconfigura a imagem no espelho em que umedece
numa imagem embaçada?

será que contam as mesmas histórias que camisinha não
é sua camisa favorita
como aquela que circula nas redes sociais sendo o
grande cortejado
e que sua reputação não será mal influenciada por uma
dessas putas?

será que ele não cansa de repetir quando se ouve
que não quer mais
não entende que aquela mão é um freio
que implora, já que não impede
para pegar leve enquanto se tenta convencer
de que gosta daquilo que vai detestar por tempos ter
de fazer?

será que entende que aquele semblante não dar forma ao
que te disseram ser sexo
não é furar, meter, lascar, deflorar
é encontrar, produzir, contatar, é integrar
será que todo homem consente ser a violência do que te
foi primeiro violado?

Aos meninos

meu medo não era que meus olhos remelassem tal
como do menino vilão,
mas que por devaneio deixasse ver
como a sagacidade que desenhou na cabeça protuberante
de um faraó
ou como num drible desbancar uma torcida pelo
lado oposto gritando gol

eu te acertei por dentro
e não foi pela vulnerabilidade da mucosa
nem pelo gigante que gaguejando soluçou prazer
entre minhas pernas
mas pelo silêncio que me abraçava o interior de
uma casa em construção

areia na cueca, eventuais arranhões
entre o sigilo e os ferros
e aquela quase convicção de que eu era
o equipamento de testar guerreiros
do seu próprio masculino

esmiuçada em minha própria dureza
não que me acertasse suas ofensas
na roda eu era teu favorito

nem o soco do primeiro amor
que me abriu os olhos de uma vida roxa por uma
transcendental vertigem

estava no riso de ser fragilidade
e repetidas vezes minhas mãos desmunhecaram
o segredo dos meus meninos
quando por vezes aguentava nossos corpos
nas paredes chapiscadas do desejo
desequilibrado da vontade de não ser descoberto na
fragrância dos cheiros íntimos

os meninos fizeram eu pôr meus pés no rio sujo
e não condeno seu objetivo torpe de badogar o voo
livre do pássaro
e despencar a fruta que faceira se fazia suculenta no
seu tempo

antes, atrás das estacas de paus,
eu vi os meninos pendurados
na certeza de frutificar estranhos
e mal se equilibrarem nos muros mal rebocados
de nosso bairro

talvez só assim levitaram um atrás dos outros
no salto de vida e morte
como se dançasse o *jazz* que jazigo nunca descansou
nas lembranças familiares
triste é o canônico fim de escrever poema para
os meninos com que tanto troquei ódio e desejo

uma espinhosa epígrafe se espreguiça na garganta
ao olhar para trás,
me molho e não é mais da ejaculação precoce,
mas do choro que nunca os deixei perceber
estão alvejados e convertidos no vermelho vala,
os meus meninos

Curió

o menino nos olhos do homem voa
nos leva para além do barbante,
sabe que é passarinho,
onde as luzes vibram e ter corpo lesiona

naquele momento em que não somos nada
com quais clichês pintar o espaço?
sorrir ou temer à altura?
impressão sua ou as cicatrizes são caminhos arquivados
em nós?
e as estampas, mimetismos que camuflam nossa
selvageria?

o homem sempre se viu errado
de lado, do outro lado, mais atrás
mas, hoje ao olhar, ressaltou:
desfez o laço, retirou o nó da gravata, borboleteou

tinha festa em Aruanda, era bem nítido,
era cavaleiro de lá
ainda essa manhã quando chegou o convite, novinho em
folha de aroeira,
viu renovar o mistério do verbo encantado
que faz coisas existirem e alçou o voo
um gole de vinho, na lentidão da roda gigante,

no som notívago do mar
passou por cima das dores sociais, estigmas e penduricalhos,
sua vida era então um precioso versículo do seu mais novo testamento

teve ideias velhas para coisas novas, então as chamou de experiências,
e assim o menino voltou a sorrir nos seus olhos reluzindo infância

Caderno de poesia

tenho um caderno de poesias invisível
que se me beijar sobressai
é um arquivo quente que no mau contato esfumaça
memória que sobrevive por fotocópias em *back up*
da imaterialidade
está escrito no sigilo, clandestino corre em riscos
nos garranchos embaraçados em que algum pobre
coitado se enfiou
por isso me embrenho em meus anonimatos

é ebó de união, palavras-chaves que sussurram
rodapés e cabeçalhos
onde as sílabas devidamente emaranhadas
são profecias por realizar
não convém por nada em ser ritual

aviso que, se teu dedo correr curioso por mim,
te cego
por puro prazer em desmanchar, refazer e saborear
desconstruções
meu amor nunca foi moroso
mas, manhoso,
deitou-se no macio dos músculos do teu braço

meu caderno de poesia fica na flor da pele
se esconde nos anos dos areais inexplorados

em altos relevos de sorrisos e caras feias
nas sedutoras linhas imaginárias e movediças
que correm os caminhos das dunas do meu sexo,
terra prometida

você que já beijou bem sabe
muito do que nos manchamos

Patriarcas

muito do meu filho sou eu
o interminável, inexatidão, o inconcluso
muito do que sibilo não se separa em suas sílabas

no filho amadurece minha história,
chora calada minha infância,
está no meu filho tudo que não precisa ser forte,
a carência e o cuidado
mas meu filho é um forte que diz pra si que
não pode chorar

paira entre nossos olhos a guerra e a paz,
meu filho é o esqueleto que sustém meu cajado,
sou pai da criação que encorpa o menino,
há no meu filho o jeito madeira e o swing maneira
de árvore

genealogia de mim, sou pai de sua consciência,
de sua cegueira, do gênio
não sei de seu amores, suas quedas,
não sei quanto dói sê-lo,
meu filho é meu desconhecido mais íntimo

Periquitos

dedos cortados
feito os arranhões do céu
refazendo a nuvem
e deslocando o horizonte do horário
hoje não chove dá para saber dos teus olhos
tem periquitos no ar

rabiolas desenham arco-íris no ar
silêncio de meninos, dois periquitos ao vento
segredos assobiados
nossas histórias seguem linhas paralelas

cerol que afinam as mãos desafiadas
calejadas de segurar
tudo aquilo que não podemos deixar solto
latas de leite desenrolam na laje

dois pássaros que da gaiola espiam
deixam o som quieto
que só quem encanta são teus olhos os meus
tua respiração tão dentro de mim
teus pés que tremem entremeios
passarinhos gaguejam suas primeiras sílabas

Panorâmica

não sei ao certo se sou
o barco aposentado no final da vila
ou você roda-gigante na praça
vista por sobre os telhados
mas não posso negar que você é a paisagem
que meu olhar perturba
um bule que preenche e esquenta a xícara

o forro vermelho sobre a mesa velha de tom tabaco,
encantas; o mar amansa ao redor dos teus pés
quem sou eu para estabelecer tal conexão?!
se pelo destino viemos amigos, alternando nos trilhos
da velha estação de trem

acho que cresço
o espelho me distorce
feito cada gota de chuva
que borra no vidro as luzes da cidade
acho que me diminuo
sou ativista contra seus projetos
de expansão de território
acho que me achei no escuro,
ao risco do isqueiro em sentimentos inflamados
de pernas pro ar
o céu inspira as cores do chão

mesmo com meus andaimes mal suportando a
imensidão dos meus vazios
tenho na memória a energia que finca cada
paralelepípedo das ruas do centro
longe de você sou catavento
colorido num dia cinzento

sou resto de festa,
sou sorriso infantil na parede sem reboco
tuas mãos, é o ritmo que toca meu corpo
você é o silêncio que me faz dançar

Disfarce

ele olha e eu disfarço
como se o mundo visse o que pintariam
os pensamentos de Basquiat
antes mesmo de ser tela
antes mesmo da violência ser licença e linchamento

meu pescoço retorna como ímã
fazendo a moeda dançar
ele tem um jeito de sorrir com o bigode
e coçar as falhas da barba como código
mordendo levemente os lábios como se borboletas
levitassem no céu da boca

eu seguro a barra do ônibus
batucando um pagode que acelera meu coração
queria ter mais que o número dele na minha agenda
e que sua mão penetrasse só meu zíper e pelos

penso o cheiro do abraço dele
sobre o colchão na laje de uma noite estrelada
as paredes sem rebocos expondo nossas fraquezas
e pintado com aquele escuro milenar que nos
aconchega na vida
tantos rostos estressados absorvidos naquele jogo
negreiro da condução

aquela vontade de desaparecer
entre os fones de ouvido
livre das dores do dia e da jornada da vida
mas aquele olhar
em qualquer lugar desta Wakanda
eu reconheceria o disfarce que ele lançou no cabelo!

Brigadeiros

nem muito amor, tampouco ódio
foi assim que dosei,
se chegar agora ainda tem brigadeiro
só não tem mais colher do preparo

em que misturo meus feitiços
nossas dores adoço
o tédio encanto
magia negro chocolate
nuvens condensadas
tarde sem paradeiro
noite ameaçada
manhãs por vir

nem muito amor, tampouco ódio
na geladeira para esfriar nossas brigas
para o coração bater sem peso
para melar o rosto de sorriso

a receita é simples: só se sirva
não ressinta,
sobre a mesa os bordados que escolhemos
as emendas que nos costuram
as suturas que o tempo faz de um forte amor

refratário, tempos quentes e gelados
mas sempre dura a receita

para os dias que o silêncio dissolve na língua:
brigadeiro,
nem muito amor e tampouco ódio

Nego do outro

que ele é nego do outro,
todo mundo já sabe
mas os olhares são como lâmpadas acesas no
caminho de casa

dizem pelo andar quase coreografado,
pelo sorriso cúmplice
na mão que quebra e repara o detalhe no outro
na proximidade que é íntima

naquele gesto espelho,
naquele ritmo gêmeos, naquela beleza deles dois
entendedores entenderão e os chamam entendidos
mas diz quem conhece que eles se entendem bem

só dizer "nego", o outro responde "nego"
e quando outro nega, nega com carinho, e diz nego
e quando o outro negocia, ele diz nego e o outro que
parece tão outro,
ainda se parece com o nego
e de tanto dizer,
todos sabem,
que um é nego do outro

Amigos

te escrevo,
pois sei que você não escutaria
nem que eu dissesse com os olhos o que não sei dizer
e minhas têmporas entregassem
quão desconfortável é

que eu sinto sua falta
e que mora uma tristeza dentro de mim
derramando as ramas entre minhas pálpebras
deixando a aparência de abandono
de ser um som tocando no silencioso

escrevo,
pois você gostava de viajar em minhas linhas e
acreditar que o amor é possível
como é bonito se sentir no espelho
não como um agressor
mas acolhido pelo tempo de alguém
que realça nosso jeito de cuidar
pinta de ouro
e esquecemos quão bem poderíamos fazer isso

escrevo,
pois sou covarde
e não sei performar sem ser orgulho
talvez a vida recalcou meu jeito de me acuar
quando me sentia descoberto

e você já me viu nu
sabe como guardo aquela parte quebrada
que eu pedia que segurasse

eu sinto falta
de suas mãos
segurando firme
e deixando mole
dizer o que agora escrevo
que sejamos novamente amigos

mas apago
mas repenso
mas dispenso
mais escrevo
este é um homem quebrado
pedindo que segure sua mão
e responda aquilo que não consigo mais escrever

Máquina de costura

na máquina de costura dos sonhos
fechei meus olhos e furei meus medos
bordando o tecido branco com sangue
por baixo da cerca de agulhas
que cismei atravessar

o mar me lambia a lembrança
e cicatrizava com seu cheiro de anestesia
na maciez de pedra forrada por limo
vi meus sonhos em horizontes
apontar como navios
que beijavam sua amante ferrenha e tão rapidamente
regressiva a sua fiel capital

ainda não tinha cortinas
que cobriam meu bebê de chorar
vi o silêncio varrido pelo vento
num bocejo tão descortês
que depôs contra tudo que lhe era segredo
eu tinha sido arremessado num ponto sem nó
num laço frouxo que me despencava nu de belezas
num ligeiro sotaque do vento

ainda hoje,
quando sento na máquina de costura dos sonhos

não deixo de ouvir os adinkras que brincam
pendurados em minhas orelhas
a vida é uma lambida de gato que finca suas garras
por baixo dos pelos

Manga

chupa, amor
até amarelar os dentes
nos fiapos de mim

manga, amor
ri até lascar a boca
deixa pra fora aquelas palavras,
diz que sou boba

desbota, meu bem,
você sempre diz que iríamos além
além do alento
lentamente
na lente do que não via

assobia e chupa cana que você sabe fazer os dois
morde e assopra que sara logo
bate a afaga que doer é só doer
e eu não sou ninguém pra você

chupa, amor
até cair os dentes
que entre o tom e o transparente
só ficou a gente
manga, amor

até folgar a camisa de tão favorita
que o vestir deu folga
na farra de sair à noite e só voltar quando der

desbota, essa cor de rosa
esse sentimento que segue a lógica

que o relógio biologicamente marca romântico
que eu já passei da hora,
já passei dessa história
já passei de manga

deves em quando,
de vez e só
de manga
de samba e sanha
de samba e só
de sambar só.

de manga
saco cheio de ser capanga
panela e tampa
de muda e planta
de tampar buraco e tão pouco

de manga
amarelado bichado
prefiro ser amarelo fruta
amarelo bicha
amarelando sol

Rei

é um rei
veja como se move à frente do seu povo
e o sol como adora sua cabeça
sua coroa se estende no chão

é um rei
veja como suas palavras derramam mel
ele tem aquele olhar assertivo
e o jeito de mover as mãos

é um rei
ele sabe ser admirado pela raridade que exala
eu penso nele e é tudo sobre beleza
um gesto de existir quando as outras morrem

ele está do lado de fora esta noite
e há nódoa em tuas roupas reais
o mundo espera sua decadência
as taças beijadas por vinhos estão estilhaçadas no chão

mas uma vela ainda espera ele voltar da tempestade
seus pés se movem como num lamaçal
no teu peito respira coragem
ele, o único capaz de acalmar essa noite, é um rei
o que pesa na cabeça de um rei?

Esconde-esconde

eu fechei meus olhos
para contar quantas vezes falhei contigo
e escondi que eu não conseguia me achar
e por isso brinquei de amar alguém
você não esperou eu contar
e escondeu que tinha vontade de saber
se eu brincava de amar você

e nos perdemos entre tanta desinformação
em meio às palavras movediças
em que nos afundamos numa antipatia
na *deep*-pressão da *web*
versos fecundando lixo digital

e todos esses caras
que chegaram para brincar com nossa dor
eu procurei contar quantos ficaram contigo
e quando ficariam comigo como juras suas na ressaca do mar
eles são como aves que adoram migalhas
mas partem em revoada no primeiro passo
e sexo de *stories* não faz meu estilo

eu só queria um sinal
de que você quer ler o conto que escrevi
para contar que eu estava perdido
e precisava me encontrar

queria ver seus olhos na multidão de letras
dessa incerteza aliviada entre tanta gente
eu só queria ter contado que queria notícias suas,
e te vi no sonho

Pedra do raio

um menino corta o céu,
tem no seu cabelo o diadema do sol,
é uma estrela num piscar e na eternidade,
voa como Oyá ardendo nos ventos
tem na boca o coração,
guarda na boca como Exu fez com o universo,
pois no céu da boca todas as palavras são possíveis de acontecer

ele mantém as belezas soltas
como uma serpente faz caminhada estratosférica
ali é deus, pois pode ouvir todos os lugares
e as nuvens são suas irmãs de imaginação

o tempo passa na janela do ônibus
e ele ali espacial arquiteta as janelas que ninguém vê,
são vidas e são formigas,
o menino é o griô que conta o que criptografou do futuro,
é o poeta namorando longamente o passado,
e nem se deu conta,
nem se deu conta,
que o menino sou eu

Mingau de almas

sobre tua boca de menino selei com mingau das almas
para que não conte tudo que te disse no sonho
mas, faça!

sei dos teus amores
e ainda que não me ouse a sentir teu humano,
parte que fui,
e agora estou de volta
tecido no respiro dos deuses
desenho os movimentos que acalmam teu coração
e protegem tuas frágeis pernas de calça
sabemos que são só panos
e assim são teus desejos
das cores que melhor te visitam

saiba que insubstituível é a que te apegou à pele
esta é teu endereço quando resolver renascer
e iluminar a passada de todos aqueles que te inspiram ao caminhar
você diz de um modo tão bonito
pois bebeu todo líquido que é vida
tua língua é a chave que só teu corpo guarda

e conecta com tua cabeca-almofada-de-afinetes
as linhas que se perderam das tuas tramas
e partem antes mesmo de aconchegar seus polos

te digo tudo isso, filho, para que não diga
que está só
ou que não atravessa o espelho
que te chama o tempo

digo para que não escreva a vergonha do teu medo
mas para que te enamore da coragem que te reservamos
em assembleia
sobre tua boca está a bebida que aguarda dias à frente e
lava dias atrás
sobre tua boca está a saliva do destino
o beijo do teu amado ancestral
que te contou aos olhos
aquilo que não soube antes dizer

Sentimento

um erê que me disse:
"um sentimento tão grande que nunca se acaba"
é infinito dentro dos seus fins

Das mãos dos homens

Sinal vermelho, a mulher corre.

Antes de engatar a marcha, e avançar no sinal, o motorista espera dizendo: "duas coisas é certa: praga de mãe e de mulher!"

Nenhum dos homens discorda do inegável poder feminino.

A igreja branca nos ensinou que feitiço é praga. Não é.

Todas as mulheres por princípio são feiticeiras, que sentadas como numa reunião de pássaros sobre o Iroco, elas definem sobre a vida de todos, para o bem e para o mal! E que bom para nós!

Já pensou se estas Senhoras decidem tomar o poder deste país? Se assim como Oxum elas secassem as reservas de águas de um governo armamentista ou se numa enxurrada promovessem uma organização mundial?

Se como Oyá, dançando, espalhassem o saber das folhas, tal qual pretas *hackers* quebram os códigos fechados gerando uma pane no 'cistema' e nos transicionassem para outra realidade de tecnologia dos corpos?

Ou se como Oba, nossas mães nos ensinassem a lutar ainda na tenra idade. Se aprendêssemos a nos defender com ebós de conduta e a caçar as melhores oportunidades da vida como o amor? Seria horrível, se tendo o poder de Yewá, não fossem mananciais de sonhos, e ficássemos rebolando para sempre sem enxergar que dançamos para curar dores, construir impérios, estar na rua, e em guerra.

Se não fizessem como Nanã ao modelar a lama, preâmbulo que nos liga à terra dos nossos ancestrais, que invocamos e nascem Marielles, peça fundamental para deflagrar uma mobilização no jogo político dos próximos anos?

Se perdêssemos de vista as mães pretas, nossas Yemanjá, matriarca Iyalorixás, Iyalaxés e Iyakekeres, que acalmam o ori de suas filhas capazes de reiniciar a vida como se pudessem ninar a morte ou desenhar atalhos umbilicais na coreografia em que as Ekedys nos levam ao abraço retorno?

Certamente seria perigoso demais se nossas mães que seguram a nós, homens pretos, homens trans pretos, bichas pretas e não bináries oferecessem no cardápio do meio-dia, na hora do jornal das nossas tragédias, a cabeça do seu complementar masculino!

Não é só por isso que tememos as ameaças de nossas mães, é que perder seu amor seria corrosivo ao olhar de qualquer um. Como é quando a companheira define o fim da relação e só então o homem compreende que sentimento é algo que leva tempo, que exige manutenção e que dói deixar.

Por isso louvamos essas pretas que usam de sua fala para nos defender em qualquer lugar, que nos educam no oculto do roncó, que sabatinam sobre a urgência de mudanças riscando limites no giz, e medicam nossos equívocos. Que pilotam nossos drones do contra-ataque, das que advogam pela prioridade e complementaridade da raça, que fazem o redesign do pensamento da valorização de nossas crianças.

Filosofam às margens e às ribeiras das consonâncias dos mares e rios africanos. Atuam e não entregam a cena aos nossos opressores, realizam em audiovisual atentas às nossas deficiências em ouvir, enxergar e andar em sua companhia, e que engenhosamente tramam conosco a queimada do inimigo. Estas senhoras que nos encantam, feiticeiras!

Todo movimento exige cuidado, respeito e atenção.
Nem o motorista avança, nem a mulher perde sua vez.

Precisamos do consentimento, olhares silentes, pois sabemos como eles nos movimentam.

Que saibamos interpretar os dados com respeito ao corpo

dos nossos mortos. Escutemos a voz de mulheres antes de seus gritos. Sejamos filhos honrosos de seu legado, companheiros orgulhosos de seus projetos, amigos de sua fúria, assistentes de seus sorrisos e vizinhos de sua vitória.

Que sejamos velas acesas ao lado das quartinhas que vibram entre as luzes e sombras de nossa existência.

Adé

do que se vale o valente
se ele te diz que não comeu do teu obi?

sabe ser capoeira e lhe acerta o peito
te faz amanhecer avesso ao mar, seio do chão
vê antes, vai e volta no Tempo
sobe por ser canto,
e desce cores
seu ijexá é todo feitiço
dança para te dizer
dança para te dizer
nem cavaleiro do zodíaco, nem do apocalipse

estandarte da casa,
desmunhecar é a envergadura de poder
ter dedos brilhantes e anéis
ser de louça e de barro
mãos para aguidavi, mãos de virar inxé

a cabeça é o super capacete do herói
grava tudo nas ondas das anáguas em que adormece
transporta em sonhos
seus armamentos sonoros
que derrubam com a força do silêncio
com o peito aberto e o corpo fechado
e mais uma vez de nossas águas renascem

carrega as vozes de minhas velhas
e canta o coro de tantos pretos que aqui chegaram
do tinir do agogô ao vibrante adjá

treme e faz tremer
seu agueré diz de novo que o tempo é agora
e eu danço para lhe dizer
eu danço para lhe dizer
nem cavaleiro do zodíaco, nem do apocalipse
adé é guardião do axé

Ébo

amor não é carrego, mas me deixa arriado
tranquilo assim, cabeça feita
decorado de pensamento bonitos
e o modo como fala soa sempre gratidão
as silhuetas do nosso encontro lembram uma reza
fazem feitiço para dias bonitos
nos leva onde é possível
e a areia brinca de ser íntima do vento
e o sol que beija a praia faz lembrar nós dois

amor não é despacho, mas me entrego
e fica tudo em suspensão
vendo a festa das minhas bandeirolas
no rodopio no meio do salão
teus dedos dedilham dengo
e eu de dengo sou mais forte
e sou também a força do teu lado

amor não é macumba
mas se toca tambor
toca também coração

Andar como homem

ouvia que no futuro seu lugar seriam as ruas,
nunca se opôs a isso,
tinha vínculo com quem vale caminhar
diziam que seus passos eram tortos, que borrava os lugares a que chegava
mas nunca prestava muito atenção no que diziam,
sabia que andar na rua era a oportunidade de exercer sua vida,
o dom de poder flutuar por cima de toda essa merda
de fazer diferente,
de pôr pra tocar sua música.

enquanto nos ônibus gritavam,
outros homens nas construções mandava andar
como se carregasse cimento,
sabia que levava o peso de suas escolhas
no jeito leve, nas partes frágeis,
no jeito tosco, na garra e na graça

diziam para andar como homem,
mas essa era sua oportunidade,
sua vez na vida,
sua passarela, seu caminho
por que não andar como uma bicha?

Moleza

que vontade de ter moleza, feito depois de
comermos (a gente)
prato forte, suor no rosto
bem verdade que tranquilo eu fico no seu peito, no ir e
vir de sua respiração
mesma leveza em que o barco fica
mesma moleza sentida pela maresia
bem que agora eu queria uma tranquileza para ficar
o dia inteiro em você

Sem reboco

ergo paredes, entre meus dedos duros,
pedras por sobre pedras
meu sonho é bonito, rosa pelúcia,
minha barba pouca para roçar nas fissuras
entre peles e predições de ti

na jornada de teu herói,
descansa teu caminho em meu peito
deixa por heráldica tua flecha atravessada na memória
posso fazer do quarto e sala
ninho de nossas calças no chão
posso deixar nosso beijo com gosto de café da manhã

bilhete esperando seus olhos na porta da geladeira
bracelete para termos trato
de um conhecimento proibido
tem de ser forte quem equilibra um homem nas costas
dita o sexo,
buscando lembrar de novo em cada esquina

tapete para descansar suas costas
assim que chegar ao ponto
de dizer te amo esguicho de dentro, do repente
quando guardado, quando não mais a boca contiver
somos conterrâneos de narrativas inacabadas

quartos sem porta, colchão no chão
paus desnudos e duros, janelas abertas
teu corpo por cortina
todo mundo sabe
pernas peludas, ombros largos
olhos revirados, aliados,
seguro em teus dedos e conto estrelas

Tenho ciúmes

tenho ciúmes, pois de agora em diante teus beijos
decoram ele
e os meus são só desejos guardados
sei que tuas mãos apoiam ele, e é lindo
ainda que tenha ciúmes
em não ter a beleza do teu lado

por não poder contar histórias longas
em tardes tão curtas
reescrevendo por todos aqueles paralelepípedos
que nos disseram momentos tristes
tenho ciúmes do sol que finge se esconder e deixa
sua luz contornar o crespo de vocês
deixando no detalhe a sugestão que o amor é mais
do que uma noite, são manhãs...

tenho ciúmes porque trabalhei demais e não vi que
cresciam projeções de um filme contigo
e que este escorreu dos meus olhos em lágrimas
e sua aparência leitosa empossou demoradamente na
quentura de meu umbigo

tenho ciúmes pois não abandonei as roupas da infância,
ainda que rasgue com tamanho,
birra por remendos
tenho ciúmes pois não sou o único
e nunca o serei

vez ou outra eu duro por me reservar,
por não me deixar saber que eu sinto
enquanto faço da vida outras coisas
e nesta de enxergar no brilho dos olhos de vocês
é que me vi carente
ciúmes é o jogo de forças
em que equilibro dizer que sou forte e sou frágil

Orelha do livro deles

publiquei um livro preto
ávido de poemas
em que enterrei nomes
e este foram lembrados como exposições efêmeras
de ódio

as manchetes não venderam que era amor
e eu disse em todas páginas, aliás desde a capa,
que eram lembranças
digitais que se apagaram com o cair da luz
ilustrei saudades
que correram filmes e firmes
e dormiram por ser novo dia

quem comprou meu exemplar
emprestou para uns tantos
que não prestaram contas,
por uma estante que pagou o preço de empoeirar
nem me dotou estrelas

é importante estarmos uns nas bibliotecas dos outros
como o abraço preto da imaginação
e o tempo que voa
como os que voei e fiz pausa

da dobra que marca envelhecido meu texto para ser mais uma vez leitura,
o próprio Tempo já me ensinou sua reedição

Bori

eu só não quero ir dormir com fome de amor
sentindo a fenda entre nós
jorrar um aquífero silente
que carrega todo nosso passado e que é nós

nasci para nutrir amor
então não me deixe dormir com os lábios no vazio
com teus olhos apagados na insônia
com esta luz fria derretendo os móveis em assombros
e que a janela não cante as cantigas que quero esquecer
de quando eu dormia com fome
quando não me deixavam alimento

certa vez ouvi um poema que diz:
"preto nenhum deve sentir fome"
eu te disse, amor,
a gente não deve dormir sem comer tudo aquilo que nos faz falta
deveríamos devorar o que nos reanima
triturar entre os dentes as palavras que nos partem

come comigo
sem ser comedido, sem ser comissionado
com calma,
como quando a cabeça come os sonhos
e dorme sobre o banquete de sermos completos

Afrógrafos

dorme no meu peito e escreve um poema
com seus *dreads* em minha barba crescendo
teu rosto magro e comprido, meu peito pouco
que lhe é tanto
deixa a textura do amasso e do passado
textura do que fica comigo

deixa na janela, no reflexo do vidro um autorretrato
como se responsabilidade nenhuma tivesse de ser
ser e não ser, fez minha questão
temporada que se torna,
auto de nós, autoral que diz

nosso mínimo contato improvisa
desenha nos contornos hieróglifos epidérmicos
feito fossem paredes indestrutíveis
faz solar
tratados, profecias
escarifica-se mapa

afrografa,
como se diz num itan antigo:
ele se viu tão na pele dele,
na escuridão irradiar estrela

Mais velho

qual teu programa para hoje?
me diz moleque como se pudesse ser todas as
minhas noites
folgo os anéis dos dedos
os tempos já foram tantos
e a gente só quer encostar a cabeça na poltrona
como se fosse músculo novo

vontade de toque
e olhar de meia-luz
meias e cuecas dizem nossas idades
quando nossos espíritos são horizontes
tuas palavras se esmeram em cuidados, ainda que
esfreguem em erros que já cometi

continua como teu beijo que não cobra
mas serpenteia por dentro de mim
alegrias são nossas foliãs
piscadelas em becos
línguas de cerveja
e mãos de suor

mas hoje é só você aqui,
brisa e o quadro desenhado pela janela

que o teu programa
quem paga é o acolhedor tempo dos meus braços
que não te quer diferente de nada
mas faz por descobrir por que tão fetal
renasce todas as manhãs

Heróis sobre feras

vê,
teus olhos são sua maior verdade
felinos desejosos por lua
enquanto meu corpo dança preto suado da madrugada
as cortinas desenham sua elegância
cabeça de herói por sobre a fera

daqui eu vejo a gente lá na frente
sábios do mundo
aranhas atirando teias constelando estrelas
traduzindo futuros

tuas unhas ditando silenciosamente tuas carícias no
meu peito
meus cílios mudando de canal como se fossem anos
desta terra
estamos deitados sobre o universo
por baixo da noite do outro
de mãos dadas na luz do dia
tua cabeça sobre meu corpo

herói sobre fera,
por desconhecer nos deram estigma de esfinge
infame história que não se realiza
mas somos os hieróglifos dançando pela eternidade
em exercício do espírito forrado de barro

movendo-se como o sopro
 dessa noite já dá para ver
nossos passos velozes como por guepardos
eclipse saltos frente à lua

vê?
nossa inteligência construiu isso há anos
e cada vida em que estamos abastecemos
são digitais do que vieram antes
parece deserto,
mas aqui jazz,
quietos, vivemos de amor como o Louis Armstrong

Agouro

levo tua mágoa em mim
lavo na garganta da ave que agoura
leve que sagrada água lacrimeja, ora
lento teus pés turgem para não sair agora

ainda fiel ao fel, afiado não amolece
como que represa essa quantidade que te enxágua?
ferro e água,
rio que enferruja

maré quer caminhar
mas metais pesados afundam e mancham sua
superfície
tão visível que seus olhos ao avistarem os meus
se perdem na zanga de um amor narcísico
que não nos realiza

entre nós tem pedrinhas
arremessadas para ricochetear na sorte de voar
mais um pouquinho
mas deslizam nas profundezas de esperar
marola que demora,
ritmo que namora o infinito
estado de chegar na ribeira dos teus sonhos
estrelas cadentes
injustiçaram nossos pedidos de amar

trago desculpas molhadas na boca
estrago por guardar a língua que saliva
as vontades que não contam nos dedos
lambuzados do gosto que ainda é seu

Abebé de Oxalá

mão de criador
desmunheca chuva
seu jeito delicado de penetrar
penteando as entranhas com as franjas de um
carinho abençoado

no passo lento e lindo
da baba que é orvalho na baobá
dedos que dançam com as nuvens
e em si tudo que se afeta e formata

tua saia longa cambaleia
no corpo que macho fêmea se criou
com todo respeito que temos à origem

é que me dói te ver tão mal consigo, abebé de Oxalá
fica tão frio prata
e não descansa enquanto não vê a paz chegar
na tua cabeça que pensa que o mundo te descobriu
pelas paredes sem rebocos e beliches na sala,

todo filho da comunidade não tem armário
mas o cuidado desbocado da criação compartilhada
e ninguém te quer só, pois é tão da gente

Rezo para o sol em você

eu permaneço aqui todas as manhãs
rezo para que o sol acorde você
e que seja confortável o que orbita entre
os seus olhos
alinhando com tua mão boba a vontade de alcançar

numa dança descomunal na ponta de algum beiral
onde as coisas são por desmoronar
eu permaneço aqui todas as manhãs
ainda que pareça que meus ombros são ponteiros
em perpendicular às horas mortas, noites frias

eu rezo para que você acorde iluminado
cintilado,
radioso,
esplêndido

pedra que amanhece sobre o voo do pássaro na terra
que ontem mesmo era impossível o diálogo com
o tempo

eu permaneço aqui todas as manhãs
como essa corrente que cisma brilhar no
teu peito orgulhoso
entre os pelos radiantes

que diz que a madrugada é só um som esquisito de
dentro de nós

eu permaneço aqui todas as manhãs
e rezo para o sol que acorda em você
e essa vontade de gritar por amor
te intimida no espelho o sol que não te deixa ver
todas as manhãs permanecem
no sol que acorda em você
eu permaneço todas manhãs
e o sol que acorda em você

eu permaneço,
e o sol em você
todas as manhãs,
o sol é você

Não me mande buquê

triste é o fim de um buquê
arremessado à felicidade
pétalas-paraquedas da ilusão
apanhado no susto de cair em si
nas mãos frias de expectativas
que balançam na crença de ser sorte
e morrer no vaso de água parada

todas as vezes que penso em te enviar um buquê
repenso no suicídio da beleza das flores
naquele tempo de surpresa
que mais dura em saudades
e lamento não saber escrever num bilhete
os laços que dou por me calar

quando queria que soubesse que nós somos encontro
eterno
ainda que as coisas murchem no outono
e a gente aguarde até a primavera
para ver a casa colorir

saiba
ewé é o corpo minúsculo de deus
como sou eu, e como é em você
por isso a semente não mede esforços por ser
a exigência de sermos entes, querido,

eu vejo nossas mãos da cor de terra
virando os segredos das raízes

com ramas por toda casa
cortinas vivas,
franjas do sol
sombra do aroma do tempo abrindo
deixando tudo tão foto e a síntese:

de que mais vale ter contigo um jardim

Assanha

sou de comer do pé
mas dou voltas na feira
tem de pegar no talo, sem atalho
tateando-se as folhas,
sabe-se bem a textura atestada pelas mãos
sabe que meu gosto não é de marcar desfeita

dou cabriola no ar,
enfeitiço olhos certeiros
enfeito com meu amor
que é e não é gente, eu só assanho

quem já viu só diz assunta,
quem não veio espia,
se não quiser vir, te aquieta
mas, se vier, te acomoda

dou banho de saliva, te faço gato e sapato
a gosto de minhas chuvas
pinto molhado revirando lixo reciclada luxúria:
pega no mói, te olho, deslizo orvalho
leva quem tem lábia de feira
fica quem tem fé e afeto

assanho as folhas no moço que serenou
e eu assanho, e eu assanho
e eu assanho...
os encantamentos no sopro que chamego em ti

Criatura

meus homens são criaturas de minha mãe
àquela que aguardou num prato com mel
na vela dos teus olhos grutas escuras
na sua imensidão de amor

mas quimeras vivem por iludir nossas expectativas
e afiliam-se ao medo que carangueja
ao tentar de novo
segura a dor com seu apuã de carne macia
diz que seu coração desesperasse na sorte

vendo por seus óculos míopes, o amor não se realiza no final de sua vida,
morre insuficiente em sua promessa
tem fobia à luz da realização
e irrita tão somente de dizer teu nome

herdo essa gastura de chamar meus homens
de criatura
ainda que lembre das advertências maternas de que
ninguém gosta de receber apelidos
é que por viver tão de junto dos teus defeitos
chamo-os sem arrependimentos
por ter criado tal candura

Sem axé não rola!

amanheceu e a gente nem pregou os olhos
tinham tantas palavras entre nossos corpos
parece que em algum momento
eu mergulhei num sonho
que despertei molhado sobre você

a gente se mete em cada uma
na dança algorítmica destes aplicativos
mas sem axé não rola, preto

o verão te botou na fita e eu peguei a visão
aquela vontade de dizer enquanto você me aperta
e eu largo "não precisa voltar para casa"
eu quero te abraçar na praia, navegar sobre as ondas
vendo seus olhos silencioso no horizonte

põe essa minha sunga,
visto sua camisa, logo vamos tirar
porque eu gosto mesmo do cheiro
da camisinha em você
você diz que tenho ideias tão doidas
e rio como quem bota fé
descolori teu cabelo e a barba
estendi a alma na areia da praia

fiz castelos com protetor solar em tuas costas
como costumo ver de lá de cima do morro
que o sol já nasceu e eu nem preguei os olhos
pendurando os quadros na memória
de te ver dormir tão bem

Arruda

nas dobras da pele sobre o tempo,
pendurava o ramo de arruda
brincava com a imagem no espelho
era enfeite e efeito o pendente natural

retirava acocorado acionado pelas palmas
que percutiam o pedido de licença
levava toda manhã na sua caminhada exibida
de blusa florida aberta em ventania
na grisalha primavera do seu peito

os olhares que tortos
por trás dos metais lambidos pela ferrugem
emolduravam o incômodo, desejo no olhar
ora contorciam repetindo demasiada crítica
ora rodavam em sua própria curiosidade

o velho que sentia a mirada pela periferia dos teus olhos
viu que as espadas de Ogun
haviam sido dizimadas dos portões
e as comigo-ninguém-pode queimadas davam lugar aos
adesivos de Cristo
ainda assim, armado com apenas um talo
passava exalado e intragável aos dentes

sorria longevo,
sabia estar protegido à inveja
o pequeno que ainda não sabia
que da tramela o sinal do odiado diabo
era o futuro que queria ter amado desde o passado

Cavalgada

cavalgo por ti, homem,
pois deixa o céu possível ao meu toque
e as estrelas ao mais discreto dos movimentos de
meu cabelo alcançá-las

são nessas horas que nossas brigas caem por terra
estamos de pé num beijo sem fim
talvez por isso
não valham a pena as teorias que nos cercam
pois eu me livro de contar por versos mortos,
eu vivo

sentindo minha escura noite umedecer na imensidão do
teu breu mar
tuas mãos movem-se como se penteassem meus
pelos feito verde cílios em tua ferrovia
teu coração bate em minhas costas,
e eu sinto que chegou,
atraca por dentro de mim
sinto dançando tudo aqui,
convidando você para não me abandonar

meus olhos lhe contam a sorte,
é estação de quem chega, e morada também
você diz "eu te amo, menino"
eu me sinto enrolado entre suas pernas e palavras,
madrugada toda

são teus beijos que efervescem meus lábios,
eu registro, eu aceito,
eu tenho você

cavalgo por você,
na velocidade que é nossa pressa de chegar
nossa demora em ser,
essa vontade de ter a vida toda

cheira a nós dois as notas que cantam no ar,
os versos que rasgam em frases incompletas
restam apenas nós dois,
restamos apenas nós dois

Oxê

quando Oxê era só nome
vi meu coração dado caindo sobre a mesa da sorte
intuí ser consenso de companhia
e não sabia o que prometer, ofereci ser vida
enxergar na água turva o silencioso som do fundo
tocar no minério
vi meus dedos intimidados ao carinho
e na cara eu não escondia, seria o reino de quem
chamava príncipe
nos teus olhos eu vi o universo
e por vezes a morte suplicou meus cuidados
aceitou que eu fosse trilho do destino,
mina,
me achou preciso, te achei precioso
eu estava imantado pelo movimento de dizer Oxê:
amor e intriga do meu coração

Desfruta

é só desejo, homem
não há o que degenere
não generalize
é só um pedaço
ainda que na boca exploda um universo

não poupa, faço render
de renda e renderizar
não tira do espelho,
nestes teus tiros de *headshot*

a fruta cai como uma ideia relativa
se pode ou se podre
teu trêmulo badogue
agora que a fruta cresceu
veja, frente e verso
e se ela te der, desfruta

Tiganá

tive saudades
por isso mandei Tiganá
como não cantei nada tão íntimo assim
esse tom grave que até gravita
e mostra por baixo a pele
gavetas e estampas
a escuridão que conservo ao fundo
os olhos que se perdem em tanto saber
e boiam ao te desconhecer

deixo Tiganá
pois não te enganaria ainda que confuso
nos lábios do abismo que engasga com o mergulho
da garganta que se embelezou com tua voz ao longe
pensada tão perto
pedra que me colore os dedos de encanto e guardo
do medo de cair perdido
da tua mão que não sabe o medo que carrego

por isso mando Tiganá
enigma dos poemas que nunca escreverei
mas namoro hoje a vontade de que não vás a
amiúde de ser dia
horas de encontro desfiando
segundos de suspiro que o ventilador parou
e levou numa jornada que foi com Tiganá

meu dizer dizimado
meu conto descolado
minha crônica que adoeceu da fama
meu sozinho que quis ficar junto

te envio Tiganá
pois é o tom que espero te encontrar
todas as manhãs

fundo do mar

nas duras pernas da noite,
escorrem as águas frágeis da rocha
a lua é só um pensamento de crua beleza
entre os dedos das estrelas
que brilham joias de longe

nossos olhos são duros cascos de barcos,
vislumbram horizontes,
gemem seus crepúsculos
como filhos do sem-fim do mundo
dói deixar um sorriso por muito tempo aberto,
quando não há temporadas de calmarias para navegar

suspiro as eternidades do espelho do mar,
como se não gestassem dos redemoinhos
grandes histórias
no bracelete que dança, garganta do abismo,
caleidoscópios e arco-íris
onde tudo começou, fez-se terra firme,
forrou com dilúvio

preservo na moldura do meu coração que é ostra
ondulando os fios do canto das sereias as nervura
de minhas senhas
onde naufrago,
levo também meu tesouro

Bixa de futuro

é uma cobra engolindo o próprio rabo!
passa pelos muros cinza serpente arco-íris
esse jogo de cintura,
de quem rebola desde a primeira fita de DNA

tua pele preta petrifica os olhares,
tá no Tempo, seu currículo desdobra no trajeto,
o seu sorriso corta lâmina brilhante dos dentes
e ouro pendurado no labirinto da orelha

tua boca tem gosto de palavras sagradas mordendo
suculenta tentação
tuas unhas ponta de lança escondem prazer no convexo
sabe que sua beleza é capa de CD,
e sua dor tridimensiona neon

teu corpo solto no mundo vive bem melhor entre
s fones de ouvido
ainda não sabe por onde anda a sua felicidade
mas como toda bixa de quebrada sabe que nos
becos sem-saída se revela

feita de saudades, olha do reflexo dos óculos pra cima
sabe que essa raba é turbina de avião
e que sua caixa-preta é ter que tretar com o coração

no comando de sua timidez não é de mandar recado,
mas a estratégia é chegar no boy
e ver se descola uma seda
pra salvar seu conto de fadas
ainda é vento de pipa,
nas esquinas seu lance é rápido, aviãozinho

mas ela é nave-mãe, sabe que o jogo tem futuro
seu negócio é futuro,
o seu corre dá futuro
seu afeto dá futuro,
seu sorriso quer futuro,
seu beijo arrasta pro futuro
e ela sabe que merece futuro
nada de só promessas no escuro
ela é princípio de futuro,
nada de príncipe,
com ela só rola se for futuro

Cargo de pai

preto, vem
já é noite
e as crianças têm fome de histórias
a lua é uma mãe solteira
que nos ensina a educar barro com olhar

vendo-os crescer flores, lugares, para além de órgãos
que cantam sua canção à existência
e formamos no nosso carinho um domicílio que se leva nas costas
fios que dançam no vento
trançam por si penteados divinos

preto, vê
no teu globo que ilumina o mundo
que ata tecidos em tuas costas,
atraca no teu carinho de pai
que vê gente crescer nas possibilidades de teus dedos
que ouve palavras arranjar ramo de arbusto
e deixa se ver de esperança

vem, preto
ensinar sobre os orixás que não ouvimos um dia
deixa que aprendam a reconhecer em si
homens que guardam as portas do universo
homens que coroam um ao outro

homens que encontram no caminho
a melhor bebida
ao beijar bochechas felizes em lágrimas
que adota a melhor maneira de criar
entre versos,
erguem casas,
firmam egbe
e adora aquele tempo que nos chamam de pais

Conte à preta!

cara, escreva para a preta
diga sobre tudo isso que você tem pensado há
algum tempo
e ela vai considerar que você não é um otário
mas que errou com os sentimentos dela
como fez aos teus
que aprendeu na rua a ganhar no grito

e passar por cima
vai saber que não precisa engrossar
pois ela é tão voraz
como qualquer um de nós
quando estamos ressentidos

a gente não escuta, mas em algum momento
essas palavras podem arranjar um novo som
de sua voz pode ser num tom
que não doa lembrar

às vezes
tudo que a gente quer é que as pessoas se sintam
responsáveis pelo que nos causaram
e faz bem não sentir a culpa

quantos copos de cerveja você virou para colocar
para dentro o que você deveria deixar sair?

e quantos raps rabiscou para pedir desculpas
mas se sentiu um completo idiota?
vendo essa tinta escorrer
manchando o grafite no muro
a lágrima que não seca pois você não chorou
desse samba que você batuca na mesa do bar
machucando os versos por estar decepcionado

cara, escreva para a preta
diga que você sente muito
e saberá o quanto ela sente também

aquelas mãos que seguraram a barra
quando você sentiu tremer
e achou que tinha tudo no controle
tempo é imponderavelmente masculino,
mas segue o curso que é mulher

conte à preta,
ela entenderá que o amor muda
e que você é outro agora,
que vive bem com este teu rapaz
pode ser que não faça sentido
mas ela saberá que poderá contar contigo
e com tantos outros de nós!

Daqui

A gente que ama homem preto

Quando chega por volta das 22h, as ruas silenciam e restam poucas pessoas, ainda que seja a Avenida Sete a mais movimentada do Centro. Os bares estão abertos, outros estabelecimentos de entretenimento também. As luzes das viaturas ultrapassam minhas janelas e eu movimento meus lábios lançando entre a respiração aflita o pedido aos orixás para que meu companheiro volte com tranquilidade para casa.

Imagino que compartilho do mesmo sentimento de mães, pais e parentes próximos de menino preto. Sinto o mesmo que passa na cabeça de pessoas que amam homens negros.

Na última noite o nego chegou afoito. Tinha se deparado com uma dessas abordagens policiais. Viatura parada no meio da via, um rapaz alto e retinto sendo revistado de forma truculenta enquanto tentava provar inocência. Os policiais gritam, na pergunta mais simples, gritam porque precisam ser ameaçadores, bestiais e mais valentes do que quem os interpela.

O cara grita, pois sabe que ali precisa conciliar coerência, bravura e simplicidade, para não soar como se tivesse afrontado o 'poliça'. O tira fala mais alto, precisa validar que é assustador ou perderá o credo de seus pares, mesmo quando está com uma pistola potente nas mãos e mirando a cabeça de um jovem, mesmo quando são três caras ao redor de um.

O nego para. Não sabe mais andar. Voltava do trabalho para casa; assim como ele, um grupo de alunos faz o mesmo itinerário ao sair da faculdade. O grupo avista a cena e pega o atalho. Ele espera o comando dos polícias para passar. Vestido de calça, camisa e sapato. Carrega uma bolsa a tiracolo. Não sabe avançar, pois precisa ser tão inofensivo, indefeso e correto, como é. Caso contrário, um movimento e as armas miram seu caminho.

É humilhante para nós, homens negros, precisar deste alvo para seguir. Sobretudo quando pagamos nossas contas, moramos com o cara que amamos, não dependemos mais dos pais. Ficamos estagnados, imóveis, limitados. Pensamos em seguir livremente, mas nós que andamos na rua sabemos desde cedo que somos suspeitos independentemente da certeza do que possamos trazer em nossa consciência.

O nego chega em casa, estou lá como sempre a sua espera. Ele se movimenta pela casa, enquanto tira a roupa aliviado de estar em seu lar. Senta na cama e conta o que aconteceu. Eu tento ser presente, ouvir sua dor, seu medo e a sua inutilidade naquele momento. Vejo sua morte por arma de fogo, dói pois possivelmente fosse também vítima.

Nada aconteceu hoje!

É isso que tento colocar na cabeça dele. Escolhemos um filme, o que vamos comer e mudamos a conversa, só para esquecer que amanhã, depois e depois, todas as noites em que necessitarmos estar na rua, precisaremos adotar um padrão de ser inocente, mais do que somos. De não responder com altivez, por mais educado que possamos ser. De não estar no lugar e na hora errada, quando nossa sorte cumpre horário de trabalho e itinerário comum, para deus-o-livre-guarde, não sermos os próximos...

Deitados no chão.

Ele deita em meu peito, toco suas mãos suadas. Toda vez que ele fica agitado, assustado ou ansioso, por exemplo, quando vemos filmes de ação, suas mãos suam. Passou, estamos olhando a casa, brincando com os gatos, falando de aleatoriedades. Mas toda vez que ponho minha mão sobre as suas eu sinto aquele mesmo suor escorrendo na costas de viver por um triz.

Premissa

peço a Oxum que ensine os meninos a cuidarem-se
como flores
que ao serem apedrejadas saibam ser resistentes,
por serem também pedra
caminho íngreme para o nascimento de
sua sensibilidade
e choram ao florescer

como se visse no filme
mais que roteiro sobre a tela
e na música o tempo-avô sobre suas cabeças
não mais de carência, mas de carinho

que ensine os meninos a aprender mais de si
como os que pactuam em não se manter calados aos seus
sentimentos
e decoram seus semblantes de sensação
que dizem verdades não mais silenciadas
mas com seu modo gentil de respirar o corpo

que aprendam com Oxum a decifrar
aquilo que não sabem dizer
e esmagam entre os músculos e os pesos
a dor de ser quem é
que seja ulterior

como anterior é o princípio ao prepúcio
a cisão mais saudável que te talha a vida

que trema nos lábios a revolução
para saciar seus sonhos
ainda que não sangrem
a mensalidade da sua preciosidade

que não seja sangrenta sua caminhada
mas que se banhe no sangue dos teus inimigos,
e que renasça ecodidé
para que não tenha medo
de se deixar levar como rio

a saber fincar, no rio,
e de dobrar quando riso for sinal de seu peito
amor mais do que as palavras dizem

farda

tua respiração não mais borbulha
no meu braço de mar
esfrega com carinho para não rasgar seu fardo
o copo que descansava na porta,
parte de minha cabeça salpicando a entrada
o homem não vem mais

pendurado no arame, vejo pelos buracos o horizonte
a lágrima é só presságio de chuva
e comando que carpidam ao te levar
solfeja que o que fica tem por lavar

como eu fui por tua cidade
celebrando nossas chegadas
sorrindo em cada encruzilhada
em que nosso tempo se beijou
por baixo da ferrovia em que o rio parou
para aguçar seu contorno
adoçar tua sepultura

a ventania não veste seu corpo armado
na balada ao ermo da veste que aguarda serenar
a guerra que o amor não é um soldado morto
mas, com carinho, meu amor farda outro

Depressão

quando super herói eu te olhava nos olhos
e diria o mal que te assombra,
seu ponto fraco e o fim da narrativa

arma ou palavras mágicas fariam o inimigo desmontar
como um câncer contra-atacado e atingido
pela quimioterapia
a chave mestra na cabeça do hacker
que deflagra aberto o código fechado ou
o truque do jogador
que desnuda o drible do oponente

mas eu sou tão humano quanto o que te deprime
e mal sou mãos para segurar se você cair em si
e pés para te convidar de volta à dança da vida
ou aquele sorriso que encanta e te faz nascer

ainda com os olhos vendados pelo selo materno que seu
pai amou
que os tratos médicos incubou
talvez eu te receite mais doses de "rei leão"
e retornaríamos à infância de organizar a vida
em coleções
se tivéssemos crescido juntos talvez o medo fosse
compartilhado de modo mais justo

de saber que o outro ao deitar por sobre os ombros
silentes pelos quais primo
faria de nós um grande robô

inevitavelmente,
não precisaríamos mentir
ao salvar a vida um do outro

Privação

estava lá, seu olhar vazio dentro das grades
tua história emboscada entre os dentes do pente
teu cheiro pendurado na toalha,
no prego torto do martelo
teu braço cruzado, teu peito riscado,
teu jeito de mascar dissabor

tava cá, tão *voyeur* que não vi a hora passar
nem soube ao certo por quanto te vi
que já sabia ao certo por que não queria olhar
todas aquelas sombras que passam perseguidas
pelas durezas das fortalezas

de lá de cima, os pensamentos voam livres pendurados
na convicção do varal
como borboletas que desfrutam a flor como ímãs
talvez seja só tempo batido no liquidificador
com um pouco mais de água e gelo
quase nem me viu, meteoro deslizando slide
em meio à destruição que me chega em silêncio
vento quente que ajuíza os dias frios

nem viu quando eu fiz tentativas de beijar você
nem viu quando eu desapareci parede adentro
por ter tocado você nada sentiu
mas do lado de fora eu te espero,

para acariciar sua cabeça com toda essa noia
de fora eu espero que a primavera não termine num
arranjo sobre a cova

só espero você num filme em negativos
em fotogramas um pouco mais escuro
espero que não haja vigia nem linchadores
quando seus olhos de menino
derem de cara com o homem que é seu desejo

23 de abril

Jorge nem tinha erguido a espada
e eu já havia morrido por minhas convicções
estava no alto de tua onírica roda-gigante
agora já faz quatro anos que vivo com o teu dragão

nunca esqueci que você mergulhou com a lua naquela noite
para saber se a dor se afogava
ou se se perderia à deriva
talvez este teria sido o dia que mais te amei
certamente marquei no tempo
que voltarei a este pedaço mais vezes

mal podíamos acreditar que as estrelas dormiam por sobre as águas
numa viçosa pele eternal
subimos até o topo da cidade
para desejar o santo momento
embebido de vinho e de amor desaparecer

Efavirenz

acordei,
estava fresco,
pele em fina folha
não dos bebês da propaganda
mas dos que nascem sem a mãe

tomei um comprimido na última noite
que dizia evitar a morte
e planei entre sonho e realidade
não sei quase nada,
nada além do diâmetro

despertei com o miado dos gatos
e o escândalo dos bem-te-vis
como se estivessem me vendo chegar ao ponto crucial
daqueles que a gente escolhe quando só há
uma sentença
ou daquele que a gente faz

não cambaleei como antes, tampouco sentia vestígio do
meu vulcão íntimo que se agitava
das últimas doses em que carreguei a cabeça cheia

desta,
apenas o cheiro leve de alfazema
amarelado brilho da vela que me guiava

tomei uma água
tinha o gosto amargo de amanhecer na língua
e subcutaneamente
eu tinha tomado certeza do melhor porre
neste se achava a vida

Em touro

espero ele para comer todas as noites
da porta eu já sinto cheiro de prato na mesa
histórias atravessadas entre talheres
boca suja do sabor que a coisa tem

ainda seu jeito cansado,
mas espero em abas abertas em ondas do *wi-fi*
espero na ponta da língua, que assanha as folhosas
imersas na abundância de temperos
espero com minha fome taurina, ainda que domiciliada
em Vênus

mas aqui, já que correspondido amor,
te espero no endereçado,
embalado de surpresa adocicado
te espero com água na boca, pouca roupa,
te espero para comer
o leite que condensa esperando, grosso alisar nas paredes
da porcelana e da mucosa
espero ele para comer todas as noites

quente, café no ponto e pão cacetinho
manteiga deslizando no inverso do pão
em bandas, você sorri e já sabe

eu finjo que não sei,
a geladeira deixa o tom à meia-luz,
silhuetas se encontram no chão
de trás para a frente é tudo a mesma coisa,
gatos que devoram as sobras dos dias
no meio da noite

nada melhor do que comer na cama,
preguiça e saciedade ficam sincronizadas
assim como nossas pernas sobrepostas
ele me olha,
pergunta:
o que tem para comer?

filé de peito

não sei cortar filé como você
apenas recolho os restos de tempero
por sobre as unhas
não tenho teu olhar
que vê o tracejado no peito maciço
e desfila seu corte acentuado que deixa exposta sua
destreza em retirar (-se)

mas eu tento, ainda que trêmulo
no balé singelo da faca pouco amolada
e atravesso os seus cuidados,
entre seus dedos quentes
em que circula o sangue e a sedução da dor

suas palavras orquestram o que não vou ouvir
mas aprendo nesse teu jeito espiritual
de desenhar o feito
e tem mais graça silenciar sua voz e ver
os pedaços desproporcionais e destacados

em cada falange adesivar a almíscar
deixo meus pedaços descansarem sobre tempero
e aprendo que repetindo os movimentos
é só saber, não é soberba que saboreio

Meu pai não me ensinou histórias de amor

meu pai não me ensinou a ler
desenhou suas marcas em minha casca
e eu que nunca desenhei,
tatuei minha alma com flores

meu pai não me ensinou a cozinhar,
mas a salgar a carne e embriagar o gosto
cuspiu em mim seu encanto que arredondou a barriga
de minha mãe,
o gozo da vida e eu sou a dança
que sempre vai trançar os dois

meu pai não me ensinou estratégias, nem a leveza das
palavras-chaves do escuro das ilusões
aprendi com seus sorrisos a sorte da mentira
e de deter razão
meu pai não é a razão de nunca estar cheio,
eu sou vazante, sorrio desde nascença,
assim dizia minha mãe

mas meu pai me deu o duro das mãos,
o rachado dos pés,
fez uma árvore germinar em minhas pernas
alisou meus cabelos crespos

mesmo contra vontade

meu pai me fez homem
que não deixa seu corpo dócil
mas mantém o hálito diesel e as costas largas para
ampliar asas e histórias

culpo sim,
meu pai quis aprender a ler
para não me contar suas histórias de amor

Meio Spike Lee

queria fazer um filme para você,
meio Spike Lee, muito polissêmico
pouco minimalista, exatamente panfletário

a gente deitado em tantos cartazes
exposto em corredores de *banners*
sentindo o gosto que há entre a mordida
dos teus lábios e o cardápio
saindo das galerias com a lembrança de um catálogo
com a ideia de me aventurar em algo novo contigo

eu quero fazer um filme para guardar você
e você quer tudo
eu também quero
mas agora eu só quero te abraçar
e deixar o cheiro de música preta antiga
teu sorriso ao pé do ouvido
mas você quer tudo

e eu me sinto um peixe
respeitando a força da vazante
respirando como se mais fundo
mais esquecesse o fôlego
na folia de ir mais fundo
ainda o corpo boiando em cima
na dança brilhante de ser também superfície

e você quer tudo
tudo que me tem
tudo que sou eu
tudo que penso para nós dois
e eu só quero um filme

É cheiro

é cheiro, conversa afiada nos ponteiros do tempo
cheiro que voa, exala e fixa no acon-tecido
dorme na memória, levanta ainda que minúsculo
aderido aos músculos
que se decoraram em teu abraço

esse que não se despacha, aceita fiado
se aguarda alongado
em conserva, em consenso
enrola o papo num poema em papel para render
peixe miúdo em rede grande

brincando de ser conquistado
não fosse só teu cheiro
a curiosidade de saber o rótulo
de ter o frasco
de não deixar quebrar a surpresa

de não ser flagrado,
mas fragata numa imensidão di-verso
deixando sonoro o segredo
destas notas quase que mudas fazerem teu sorriso
riso meu

Menino capoeira

eu jogo o jogo dele,
mas ele não precisa jogar o meu,
sinto tudo beira-mar,
minhas palavras virando estrelinha
ele sorri quando caio feito folha em seu aú

tenho jeito martelo de agir,
mas racho como riacho no que sinto,
recebo uma porção de sentimentos
pelo peito como uma bênção
ele sorri, desmascara meu tom de voz de mestre
que canta suas ladainhas no suspiro das minhas razões
que vão todas marinhas,
quando ele faz música
ao tocar meus cabelos como berimbau

é menino, é presente
e embalado nos meus braços
eu não sei mais me conhecer,
minhas palavras gingam,
dançam ao pé da letra, faz poesia e capoeira

o menino canta como pescador
e eu sou peixe no árido, no ar dos seus olhos,
na densidade do seu beijo doce
eu afundo,

lá no fundo,
o menino-capoeira,
é Logun brincando no meu sorriso amarelo e velho

Mel de frutas

saí pingando mel de frutas
hidratando os lábios da noite
puramente sujo de um sabor coeso
cor do que nos é vital

a gente nem sabe quando vai encaixar
e desnuda como se descascar
não fosse brincar de quebrar a cabeça
e desencaixar primeiro
cuecas no pé, dedo entre os bagos
espremendo gentilmente pela fissura

o suco grosso recém-batido
coado entre as distâncias dos dentes como se faz para
selecionar palavras que querem dizer te amo
mas soam poemas de uma primeira vez
que se pede continuidade

que os olhos sibilam cansados e contentes
que a boca geme entre o sumo
dos beijos escorridos de um pornô contato
sem o freio do pudor ou da toalha
sem o risco de nojo dos amigos
da mesma escola escatológica
de retorcer a boca nódoa de caju
ou caroço de laranja

mas são desses mesmos contratos salivados
que põem cuspe em selos de cartas de amor
de namoro escondido
de penetrar com carinho e camisinha
ou que devolvem a cor das pernas foveiras
de meninos retintos

mas que mal tem o gosto?
não precisa esconder
quando se dividem as duas bandas
um fisgo assim tão sorridente

flor da baobá

os livros não dizem
mas eu conto
antes, amor era nifé e dava como flor da baobá
antídoto das incertezas que jogavam com a maré
raras pérolas entre folhas
que se demoram na beleza da apreciação

solfeja o vento sua delicadeza
naquele mundaréu de terras
ilumina, no farol de madeira
exclusiva fortaleza de nossas memórias

tua permanência muda
diz ser tão imensa que as páginas não podem conter
mas eu conto

eles inventaram palavras
e nos ensinaram a dizer saudade
com sua gramática exata,
sua exausta digressão

dá sempre um branco quando a gente tenta lembrar
a palavra na ponta da língua parada
em meio às nossas voltas

voltas e voltas (na árvore),
tanto tempo que a gente não diz,
que mal sabe mais dizer

mas, digo
tem fé ni mim
que a gente vai se completar
tem fé ni mim
que a gente volta na flor da baobá

no Tempo das coisas
em que mal sabíamos o sentido
e dentre nós raiou o dia
despencou a gota, explodiu em vida

tem fé ni mim, tem fé em nós
livres, ainda que não nos digam,
a gente pode contar

Teu cheiro

teu cheiro não mais tempera lembranças
nem balança mais no insustentável do ar
não surrupia pelas frestas da janela
nem suspira no cangote, nem toca na nota certeira

tampouco exótico, verdade que já tão esotérico
incensou meus sonhos mais insensíveis
nem refil que me fez refém de suas porções
nem mais rifle
que me atinge de ser tão permanente abraço

só teu hálito que te incendeia álcool
álcool da solidão
álcool que nada ético te eternizar a dor
teu cheiro nem chega mais
que já ultrapassou,
que já foi além de ser flagrante crime de saudade

Roda-gigante nº 5

odeio rodas-gigantes
pois me lembra que o amor é redondo
e não o quadrado das emoções delimitadas

lá de cima eu vi a terra despencar
como olhos em lágrimas por sobre os pés que calçam
terra firme
lá eu só podia segurar tua mão
e me deixar a fantasia de que a terra roda por si
no bailado indiferente ao sol
ainda que viva tão apegado ao medo de cair
como a segurança está firme
entre a gôndola e as ferragens

odeio rodas-gigantes
pois dão tempo de pensar por cima
e não revelam nada mais que um delicioso frio da
barriga quando em voltas sobe e desce

eu tirei a sorte dos teus olhos naquela noite
em que uma estrela se apagou entre teus cílios
ali eu sabia que não seria pai
não teu
mas dos sonhos que havia abandonado por não saber dar
as mãos

pelo coração acelerado da ávida criança
que está por manifestar desespero
eu odeio esperar por sentir a roda girar

por estar sendo alvejado
pela brancura do olhar daquela senhora
e a alva compreensão daquela garota
que encarava a cena de amor
daquele beijo que calava a estrutura

Traslado

se há em nossas palavras um ligamento
que não separa as sílabas,
soletre para mim como se rompem saudades!
conta como se mede o espaço dos desejos dos dois
talvez eu saiba como separar o tempo
entre farelos e banquetes

se há em nós um semblante sem reboco
de construção continuada
e já moramos assim como se a história fosse eterna
mapeia seus passos molhados
da mina à fartura do seu sorriso
eu farfalho roçando meus cabelos nas janelas cruzadas
em suas pernas sem cortinas

se há em nós correspondências
é que não me remete entregas e extravios,
mas antes a intenção ao enviar
um pensamento recai como bilhete
e a vontade renasce no papel de carta

pois levamos em nós móveis, alimentos
e objetos frágeis
sob a luz da noite que acende a percepção
é que tudo que mudamos é com o cuidado
para que não nos roubem os pedaços no traslado

Axogun

se eu fosse facão brando nem certeiro cairia de pé!
neste teu modo de amolecer, num quase desmiolado,
não sobre o crânio e a contradição,
mas pela defesa de não saber ferir

esse teu querer mesquinho
de folgar por sobre a poça de sangue
de deixar a cabo de que alguém lhe impunha
esculpir a vitória neste caos

se fosse tu faca braba,
dente molar, olho apontado
comissionada à guerra
a arregaçar as taças e as farsas
rasgar afiada o desafio que lhe desfaz

perfura a boca que abre como um corte lento
ao gargalhar na tua cara
sem engasgar o que você diz não mais engolir
não trinca na ponta da língua
estar a um triz de sua garganta

não vê que teu caminho é abrir mato,
é viver ou matar, e não engolir a seco a matança?

ao avesso desse teu gentil adormecer por sobre a louça
branca lá do casarão,
se prefere a maestria do trabalho de Prometeus
de repetir o fino corte
eu atendo ao chamado de Ogun
por encantar metais
para estrepar o silêncio que você prefere velar!

Riscos em idé

os braços riscados e os *idé*
mapeiam um jornada de se acolher na dor
e modela com a beleza vibrante do que antecede
erguido o punho que segura a barra da condução

decanta sobre o antebraço
seu mordaz primor de ferro
dentado com escaras na pele metálica
quão detalha sólido sobre a superfície da humanidade
escaras douradas não são bonitas

e dizem da feiura que representa
como o guepardo cansado de ser veloz
se deixasse no tempo demorado
das lágrimas nos olhos
como seca as fissuras que retalham o pulso
ainda assim, escaras douradas seduzem a vida
e brilham tão foscas da permanente
e audaz carência vital

diz para todos que o que passou também fica
e não figura mais guerra sem paz
ainda assim,
escaras douradas
são marcas de expressão do povo gestado no banzo
que mastiga o mal gosto da *maafa*
e desafia as linhas túrgidas da sanidade

Me chame de mãe

disse, me chama de mãe
e eu repeti como se aprendesse a solfejar meu nome
um negro jeito de rodar as mãos
e um olhar coruja por sobre minhas fraquezas
fiquei confuso, se nascia ou se era abandonado
mas sorri como quem vê corte e sangra sorriso

percebi que mãe
é um jeito bonito de dizer "cuido"
é o risco de ser intimidade e continuidade
é quem renasce no acolhimento
não que quisesse usurpar o dom da mulher, mas fez
de ti uma ode à gestação,
e eu disse...

me chamou de mãe
quando as estrelas eram as únicas guias da
encruzilhada dupla
e eu senti eclodir no ninho que não lembrava mais
onde deixei
feito um big bang germinando no meu coração
por aquele som de ser significado por alguém
de me guardar na lembrança e de ouvir minha voz
repetindo em suas frases como pontes na vida
disse me chama de mãe,

pois já me esquecia como era chamar a minha
e me vi atravessando as paredes gélidas de amanhecer
adulto e barbado
disse me chame de mãe, pois é charme ter família
desfilar pelos bares e alvoradas em companhia
ter sagrado e ter erros como pedras em anéis,
que vão e nos deixam os dedos tortos

ainda assim
me chame de mãe, pois filhos são para o mundo
e quando não houver mais volta
saberá que há um paradeiro que chama mãe

Homens pretos, desejos brancos

festa feia!

homens pretos desejam brancos
como no fundo é o vazio
de suas danças, no aconchego daqueles beijos
na ausência daquele olhar que não se vê

além daquelas calças pretas e blusas brancas
daquela sombra cinzenta
ouço ressoar em sua cabeça:
o que quer o homem preto?

levantar o troféu do amor sem ter a desilusão
de ter pego a avaria em promoção de seu ódio
homens pretos dançam trocando de pares brancos
como peças de um xadrez
como se preso à luz do dia de não se ver o próprio sol

vivendo em existências e não só no tempo
que aquele otário resolver ligar
para seus sentimentos como fetiches empratileirados
no museu de sua glória e de seu gozo supremacista

festa feia!

não tinha o preto colorido e estampado
tampouco em cores que dizem 'cheguei'
todos dançam iguais
menos os homens pretos que fazem por encaixar
nas sobras que reza para si ser o paraíso da noite

Por melhores

te olho e já sei,
ainda que por frestas,
por onde tremem as tramelas ao sol,
nas dramaturgias das ondas do lençol,
ao corpo que aproveita os segundos a mais
sei por sob a penumbra e os véus

como se soubesse dos segredos das chaves,
as palavras em frente às frases,
sei das fases da lua
no grosso escuro texto do teu cabelo
trabalho de suas mãos e das águas
que semeiam o destino

sei do dia e das placas não vista,
sei também no que ancora o tronco
que vaga sobre o rio,
a folha que navega melhor que barquinho de papel

sei, pelo que espelho não diz,
te olho e te faço um poema,
pois sei exatamente como se sente
ao ser visto pelos meus olhos

É osso

é osso,
não fosse você ser de carne,
ser de luz,
cabeça de vento,
olhos de água,
pele de flor

é osso,
não fosse seu ofício ainda que não oficial,
mas é você quem faz meu ócio mais gostoso,
sinto o tutano batido no osso,
no passo largo quando a gente passeia
mas você ocupa o meu corpo,
teu rosto na folha do meu rosto,
tuas mãos que abundam meu bolso,
tua linguagem e o gosto

seria duro-osso,
não fossem suas veias desenhando árvores
por dentro, acendendo as vias de neon,
radiografias do meu silêncio em versos

seria morto,
não fosse você subir meu morro,
afivelar minhas encostas,
pipa de aviãozinho que não vai voltar

é osso, moço
mas é massa seus dedos em minha cabeça
ciente do sentimento quando me amassa

é osso,
por isso eu não largo,
adoço de mais doce,
endosso de mais argumentos

é osso, preto
mas o que nos sustenta se não a dureza de sê-los?

Vivendo como irmãos

era uma casa de dois quartos
quando nossas almas acordaram ser quitinete
numa cama desconfortável em que acordamos pedaços
e dormimos enrolados em nuvens

tinha espaço e poucos móveis
e já não combinamos mais os quadros e os livros
a cozinha não tinha teu cuidado
e a chuva por mais bonita que fosse tinha o trabalho de secar

as noites que entardeciam sem razão
não era mais emocionante ter a tv ligada
mas o fone de ouvido que te destacava do meu caderno de poemas
nossas roupas tinham cheiro diferentes
e a vizinhança já não nos achava mais irmãos

o plano de saúde não veio
nem eu ousei tirar o cônjuge da conta social
você orçou alto o mês
e eu desossei o silêncio do mal tratado
você deixou algumas pontas
e eu amarrava os cadarços para pisar com segurança
no campo minado que se tornou cada azulejo
toda louça, cada respiro

eu já estava desarmado
como uma bomba que deixou a sequela de explodir a
qualquer hora
e já estava mal amado

dizendo ao espelho que belo caco sou eu
era uma apartamento na quina do centro
um descanso naquele carnaval
um junho de cores combinadas e mãos dadas
uma ninhada como espólio de estilhaços
do vento que deslizou e rachou o quadro
estávamos separados de corpos

Pare de chamar a polícia para nós!

as luzes estão acesas
e me assombro ao me ver estirado no chão
a rua parece um beco sem saída, o fim da vida
minhas mãos sobre a nuca
tentam segurar a pressão que é ser mira
e não pode se mover

numa dessas esquinas,
essas vidraças que fantasmas se movem
e as câmeras que se movem não dizem "bem-vindo"

só quero dançar
com a lua e os sapatos novos
num passo de charme
na coreografia que acompanha o batidão
em que o neon são aconchegantes silhuetas
de luzes negras

num suingue ritual de gente colorida
mas os faróis baixos são tubarões em caça
e corremos deixando pegadas no chão
corremos como balas
de drones que nos sabem de cor
ainda que corrêssemos como presas

em vultos na selva
os carros emboscam nosso movimento
e eu sou o medo de não viver

essa noite eu não vou sair
eu mesmo chamei a polícia para mim
há algo de errado no meu rosto
suspeito que seja tristeza
há algo estranho na redondeza de meus lábios
sinto que estou traficando convites à felicidade
há alguma movimentação confusa entre nós
essa droga deve ser amor!
talvez seja só um meu procedimento padrão
eu sempre me policio

você diz que rap é o que acontecer
e que a lua é mãe, e abençoa os filhos da noite
sua boca na minha pede que eu repita:
pare de chamar a polícia para nós!
e dançamos no gradiente do vermelho e azul, repito:
pare de chamar a polícia para nós!
você fez um cavalo de pau com uma viatura em minha
cabeça, dizendo:
pare de chamar a polícia para nós!
a pena é deles que não vivem como nós
pare de chamar a polícia para nós!
estamos sob custódia do estado de bem querer
pare de chamar a polícia para nós!
eu me sinto vivo, e sem documentos contigo

Para depois

Pedrinhas

Eu sei, me falta coragem às vezes...

Mas quem é mesmo o dono das pedras?

Se quando atiro me acerto pela força que faço quase que dilacerando meus músculos num impulso, se na verdade eu penso muito, penso tantas vezes antes de acertar, ao menos no pensamento, penso que é errado... Penso, penso demais que perco a conta e perco de vista o porquê da força que empenho para fazer doer o que antes me doeu tanto.

Quem é mesmo o dono das pedras, se não acerto o alvo e me sinto alvejado por manter as pedras ali, castelinho em pedaços, uma por sobre as outras. Mantém-se o olho duro sem chorar, como se não passasse água dentre as pedras.

Quem é mesmo o dono das pedras? Se me afundo no respiro em que crio a tensão no ar, se sou eu mesmo quem aponta a covardia, se a mira é minha, se o ódio é meu, se alinho tudo isso no pulso cerrado, mas se desmonta a melanina, e faz meu jeito bélico, um jeito belo de cuidar.

Se nas pedreiras eu espero um jeito espelho de alisar a pele, o cabelo que o vento não amestra, a testa que franzida não é amena, tampouco a amêndoa doce que não mancha a boca de um gosto único.

Quem é o dono das pedras? Deixa-se por ser acertado, pois sabe quanto me dói acertar, por isso prefiro errar e grito porque o silêncio não me basta por protesto. Eu sei me falta coragem às vezes, por isso escondo tudo nessa cara de pedregulho, pois não sou ruína, mas arruíno tudo ali pelo íntimo.

Pergunto, não me inclino: quem é o dono das pedras? Se não acerta com justiça a risca, se a isca não para de beijar o anzol?

Sankofilia

eu voltei
para casa de meu pai
como ele fez ao meu avó
como meu avô queria, voltei

para entender de movimentos migratórios
para dizer de pousos distantes
voltei porque retorno é dança de quem vai
no tempo de quem fica

voltei e voltarei outras vezes,
dizendo como quem acabou de chegar
volto porque minha mãe mandou dizer
que é felicidade
ainda que rosto não diga contente
voltei pra não pagar para ver

e vi, que sankofa não é um coração enferrujado
mas o olhar do artesão que faz olhando para trás
da mãe que estende os lençóis no cercado e sabe porque chegou amuado
sendo abraço para um coração maltratado da estrada

cabeça de mãe que me abençoe
pois eu voltarei, ainda que felicidade não estique os músculos e a pele do meu rosto

em seu movimento de enrugar
como quando sorri meu pai
pai vive por ver a volta do filho
sabem que muitos não sobrevivem ao voltar

nesta mesa não senta o filho pródigo
mas para me alimentar de narrativas nossas
meu pai conta que minha avó dançava um candomblé bonito
hoje eu danço porque casa é o lugar de voltar!

Dengo ele

dengo ele
só de proximidade
dengo ele
e teu devaneio liso retorna a mim crespo
dengo ele
sendo maior gentileza do tempo
dengo ele
por ser terra fértil, pedido de construção
e eu potencial semente
dengo ele
em teu cangote que cheira vida
dengo ele
e os meus dedos se arrastam em tuas costas nos
chamando canção
dengo ele
porque se estende o transe e a gente fica aqui
dengo ele
por não ser nós que nos prendem,
mas a ventura de ser sonho
dengo ele
e me atravesso, com os pés deles, ele em minhas mãos
dengo ele
dengo ele
dengo elos

Tâmaras

diz que quem planta tamareiras não colhe tâmaras
e já deu saudades de um vívido doce
do tempo olhando as palmas que se estenderam verde
esperança na imensidão de ser seu
chorando vermelhos caroços que não verei
ficou sob o véu da imaginação

naquela compota que já não lembro se partiu ou se ficou
por descarte
tão só lembro de ter sido amor
e você alguém ferido
como a asa de pássaro que leva e traz e,
sem saber, planta

amor são gametas de um início para quem é gestação e
já ingrato, tão longo orgulho
pormenores dores, faz por durar arrependimentos

mas hoje já se fazem engenharias
em que cem anos cabem em dez,
e tu pode ver amor ainda em vida:
sentido, novamente toque na pele
gosto de calda molhada naquele beijo
palavras ricas de natural açúcar
descoberta de um gosto que já conheceu
mas não soube experimentar em mim,

e amor é tempo
responde a perguntas já feitas
e ainda que tenha sido ornamental
partilha bíblias de sua história
na caixa de e-mails ou nos cachos de tâmaras com que
adocica outro

flor de alumínio

é preciso ter arte para entortar ferros
abrir caminhos labirínticos,
convalescer por amar
é preciso fazer do coração tijolo,
pra saber construir o sentimento
tem que ter visão aguçada para ver estrelas cadentes,
tem que ter estômago pra sentir emoções fazerem folia
em nós

ser folha para absorver palavras
e ser rocha para não dissolver com elas
ser nuvem para atravessar zonas
e ser farpa para se proteger
se meu olhar sai em busca de respostas,
guerreia nos quadrantes da consciência
é que me retorço
e deformo numa linda flor de alumínio

quando amo, perco as proporções,
não me entendo como elefante
nesse jeito adolescente, quente e galante
que pouco se importa com o viver,
mas com sua intensidade
encosto romântico em tuas mãos

fujo como pétalas volúveis
atiro-me no mar, me afogo na antipatia de ser um só
feito flecha que procura a fartura de uma boa presa
ter um império é ter você junto à mesa

Macacão

quero pintar paredes do amanhã
sem medo de borrar com as distâncias
entre os meus pés e a barra do macacão
colorindo com espelhos que se estendem
ao tocar sua beleza
sem temer o horror dos jornais
que mancham o chão

gotejando cores como se eu pintasse o sete
vidas diferentes,
atravessando num quadro portal que me olha divagar
segura a infiltração de uma represa que acumula arte
faz poça den'dos olhos
que mal sabe se cheio ou se choro
mas se sentir emergir quando se boia
sem as seguranças da infância que se atreve na
profundidade que as idades advertem
se divertem com nossa queda

eu salpiquei pela casa toda
a vontade de não deixar vazar
mas escorreu uma ideia
nos riscos do suor
que na oleosidade fritou as cores que me são caras
e as coisas que esqueci nos bolsões do macacão
das lembranças que esquecidas se acham aquífero

eu queria só pintar paredes
para sentir no concreto o sorriso
na viga o bem-vindo
a argamassa de um abraço
e não só ser guarita, local e escritura
eu só queria pintar com as cores
que guardo no macacão

os detalhes que me fazem segredo e não dito
que me ocultam livro e não reserva livre
para sair por aí qualquer
menos fortaleza, nem *bunker*
mas craquelado, esfumado, bordado, pincelado
das galáxias permanentes
que pingam no macacão e me fazem estrela

Hermafrodita

minhas unhas carcomidas pelas incertezas
se escondem nos tremores ao tocar no seu contato
eu queria me ligar a você
como nas noites de poucas estrelas em que fazíamos
estratégias sobre possibilidades
para encaixar nos caminhos pontiagudos o nosso carinho
recôncavo

num desenho em que nossos tempos incandesciam uma
ferramenta para fazer da guerra que vitimou nossos
peitos num acolchoado encontro
onde sua pele descansa sobre a minha
sem se contaminar pelo passado
que carregamos em galerias de cicatrizes

eu só queria ter a intimidade das tuas palavras
e ouvir de um futuro que a gente escolhe
não quanto meus olhos te intimidam,
que te causo raiva
só queria tocar outra vez com vontade,
acarinhar sua autoestima

não te vejo Narciso, mas te sei espelho
num bailado satélite que teu corpo arrisca orbitar
no tempo em que seus sonhos são trilhos
e teus pés locomovem para além do horizonte
que minha lembrança despiu

mas fez por guardar no tamanho da saudade
que floriu nesta manhã
que eu sinto que um pouco de mim encravou
em você
sei que cura estarmos distantes
para que o amor germine de nós por nós mesmos

Boicote

desmonta o céu ensolarado
quando não retoca meus olhos com arco-íris
é um monte, despido na chuva
dez e pouca, mas já são algumas horas sem nós

desmonta e não é quando descem nossa roupas
num monte de tecidos, num instante tal qual o gozo
é o gosto que degusta e gruda
fica guardado ainda que no desbotado

desmonta quando a cena se perde
e acha o fio da meada, meia-idade no final da tarde
os olhos ardem nos lábios do horizonte que beija o mar

desmonta quando não desculpo
eu tenho medo de mim
que minimamente mina,
que molho do olho, dá dó
desmonta o seu tempo pra nós
que desmonto meu tempo em nós
que a gente se amontoa ao se deixar à toa
dessa coisa boa que tanto se boicota

Os algoritmos não nos querem irmanados

os algoritmos não nos querem irmanados
e você sumiu como outros tantos mil
que deitaram por cima e por baixo de outros
como tantos outros que rolam suas digitais
por tentar desbloquear minha tela preta
abrindo esse coração de empacotador
que sabe a destreza do nó

mas algo ainda dá ritmo
do seu nome na minha boca
como uma gruta que vocifera as feridas
alargadas das ondas do mar

não sei se é a arritmia de te ver de novo
ou o arrimo de te ver familiar
numa bolha que vagueia no trânsito do meu céu
em que eu arrumo, mesmo sem ter o rumo,
esse algo que agora arria os sacos no chão
de ser total infertilidade

os algoritmos não nos querem irmanados
mas espanados como alérgicos polens
longe da quinquilharia

que quebrada ajusta o melhor de nós para si
como se fossem nanos ou arrobas num pasto
veja, neguinhos, não estamos negando a lógica
mas que a analogia
de que nossas diferenças se parecem

e os algoritmos são engenhos de indiferenças
por isso não nos quer irmanados
do contrário, seríamos indústrias de afetos
e os engajamentos que aquilombam nosso retorno

Procura-se

procuro teu corpo nos lugares onde ninguém vê
teu sorriso paira e desmancha
tua voz gira no vento e perfuma
eu acho você com os olhos fechados,
saudade me é bússola

procuro tuas coxas por entre as pernas da noite
procuro teu corpo pela internet, mas os pornôs são todos brancos
e fazem de nós negros cavalos violentos
ainda que penetrássemos enérgicos nossas querências
você é a cabeça que deitada no meu peito some com as pulsações

procuro você nas voltas que o mundo dá,
mas ele te guardou nas infinidades dos horizontes
e mesmo a janela aberta,
você parece que se fechou pra mim

como um quarto sem porta
um teto sem luz
um amor sem vontades
procuro você onde não se deixa achar
e eu desapareço por aí

Bastidores

se fôssemos voltas de um caracol
saberíamos segredar o visgo que nos mantém comuns
ao chão
labirinto que avilta em sombras
que se declaram na luz

awo não é sigilo, aprendi ouvindo,
é a sutileza de saber encontrar o mistério do comum
o poder no cotidiano
de saborear o veneno da planta
que faz o inimigo se enganar com a vitória

awo não se esconde,
mas por trás do *mariwo*
lá por trás daquela porta
tudo que se sabe está por baixo dos olhos fechados

na reminiscência que colore o dia
e se sim, porque não sabemos mais guardar nossas
portas e janelas, com lanças e dentes
nos bastidores de nossa gente que brilha estrela
nos portões que aquendam,
quando minha mãe me explicou
com os olhos meus limites
eu sabia que ainda arco-íris
eu nunca deveria lecionar sobre o que acontece ao
passar por baixo

Pós-humano

por baixo da pele ficam as histórias
que não sei contar
talvez porque nunca quis aprender
que todo belo rio
tem também seu trecho podre de mangue
que manga de sua eterna e desastrosa beleza

mas, deixo por sob a pele,
como as portas frouxas
que escondem as roupas amassadas
este rosto cansado de segurar o choro
essa inveja de ter vivido os dias que não acabei pensando
demais até anoitecer

aquele poema que não cante sentenças melancólicas
e que confie no amor dos outros como um pai que não
te largue ou uma mãe que não morra
fica a fraqueza dos dias francos
a doença tem mais cara de resultado
do que de metáfora

a nudez não tem cor,
nem sexo, nem tem sentido fotografado
ficam as marcas do artifício que é rir desesperadamente
até a felicidade guardar o que se engole a pulso,

ainda que a contragosto
o medo não é de morrer,
mas de me matar tão lentamente
deixando evidências de que o muro áspero é por dentro
fina parede
detalhes de que sem fé permaneço miçangas partidas ao
descaso do chão

ainda que sobre a perspectiva de ser útil,
a tática de ser intenso e
o desejo de viver ininterruptamente
o silêncio que acoberto verborragicamente
faz aparecer o que não parece ser por aparentar

o medo de doer sozinho, somente, só me incomoda
a certeza de que a solidão fui eu que me causei
dói ver,
que tudo isso fica por baixo da pele
quando abandono minha humanidade

Honesto

só queria sentar ao seu lado e sentir que toco sua mão
como a areia da praia
e que beijo tua boca como a onda desliza sob meus pés
como os barcos atracados são reais
e as pedras roçam no conforto da sua estada

tendo o vento lambido sua lágrima
e deixado no rosto a promessa de ser feliz
você me disse um dia que toparia caminhar comigo
naquela cena de filme que mal nos ajusta
que diz mais de nossas vontades
que a má-fé dos que nos veem só pela pele
eu sinto quando nossos ombros se alinham
e teu choro em decúbito fetal encaixa no meu
quebra-cabeça que presume mais complexo
talvez me doa sentir que os carros aceleram e cortam
suas frases mais sérias
pois a travessia é a coragem de se arriscar na confiança
de que um não ficará para trás

tampouco será a fumaça
que nossos pais nos deixaram
eu sei que você espera ver em meus olhos
como eu vejo nos teus a certeza de ser honesto

Os miúdos

tão perigoso quanto o canto da sereia
é o trotar do arqueiro
passo elegante, encorpado
de faceirices esguias
assim como quem arruma rimas de pássaro
e brinca de distâncias
abate a caça antes mesmo de se saber caçada

espalha pela boca do povo sua fama
quem já tomou seu frete,
sabe que traslada e tem outros,
esse brilho de quem tem herança de reino,
mas sobe morro,
abraça comunidade
pisca por devorar a sorte
nessa de não saber querer, mas sabe que quer
a gente quer ser alvo, e não quer polícia!

e a gente até desdenha,
mas o que se desenha em miúdos é:
a gente gosta mesmo é dos filhos de odé!

Tapete de Oxalá

ele disse saudades, homem!
e eu só queria deitar com ele sobre o tapete de Oxalá
me enrolar com o que ele canta
e viajar sobre a folha que voa nave

vaga pela floresta em que os galhos arranham o vento
e a gente parece pedaços esquecidos
tanto que ele disse saudades disso e daquilo
e até parece que fazer falta é algo bom
de nossa conversa manta para madrugar

arriscando ser para sempre brilho de estrela
dança da folha que logo vai cair
e ainda beija aveludada ao chão

Valeriano

tuas mãos de acariciar brasas
são as mesmas de fazer carinho em mim
a mesma vida que encurva teus fios brancos
enrola as carapinhas do meu cabelo

até nosso silêncio é o modo de dizer com os olhos
de não mentir mais
pois mentira tem pernas curtas
e eu já estou bem grande
para saber que morrer não é um sono profundo
e dói mesmo é estar vivo e distante dos teus

numa casa de que se sente saudades
em que as idades são cruéis diagnósticos de abandono
e que ali se envelhece como olhar as paredes
e só se sabe ouvir para ver dentro

ainda assim é delicado
como quem descansa as mãos em águas ferventes
viveu por ser brasa acesa
depois que se queima a fogueira
e o vento encantado de fuligem, em pedaços da
memória minúcias de papéis em branco
mas em si tem seu calor

toda vez que cruzo as pernas
sinto que tranço meu jeito no seu
toda vez que cruzo as pernas
lembro que trançou seu jeito no meu
talvez toda vez que trance as pernas eu cruze contigo nas
encruzilhadas que aguardo
e toda vez que vejo minhas pernas firmes
lembro quão frágeis tornaram-se as tuas

Lágrimas

lágrimas não são pingentes no pescoço
tampouco água que se acumula no fosso da garganta
que chora encoberta pelo barulho da chuva
na frieza translúcida das janelas

talvez seja o resíduo
que ainda no semblante sisudo
constrói demorados açudes
e destila a acidez

ele sabe que chorar nunca foi uma sentença masculina
e, ainda que nunca ouvida, se garantiu seguro no mais
firme da biologia
mas teu corpo é vidro, e é mutável
e põe-se para fora tudo que se guarda
como em bolsões vítreos ou lacrimatórios

ver teus olhos escorrendo
como a felicidade de um filho
pela emoção de ser do time campeão
ou porque sentir que faz sentido o amor quando os
dedos deles acariciam a dor
juntar seus estilhaços
ao pôr aquelas flores no jarro da mesa

é o colorido da alegria, ainda que incolor derrame sobre
sua pele preta
colírio que põe uma corrente de um quase prata
o córrego que deixa correr pelo que lhe valha
ainda que desça navalha,
carrega suas memórias e goteja uma a uma das emoções
que declamam
ser o verso mineral
em que lágrimas também sagram suas felicidades

Pedregulhos

meu rosto é uma rocha,
pedra que resta da divisão de terras
ou que se arrasta na imensidão do tempo
não se deforma, redesenha, resiliente e recolhido
reforçado, ressentido e renascido

meu rosto,
um meteorito decaído,
um jogo arcada:
desmonta e desmente,
mente e monta,
desmorona,
marcado pelo sono eterno da espera
impávido e assombroso remenda um monstro
meu rosto é um bolso revirado
como uma lua defasada sem se desfazer,
monte grotesco de belezas amiúdes

se tenho sido rochedo,
estico meus braços e rasgo frestas, meu coração ecoa
como numa gruta
minhas mais perfeitas obras são rasuras,
são sorrisos, os ossos que remexem meu espírito,
não me salvo, duro por ser pedregulho

Eró!

farol da ancestralidade
fortaleza em que descansa o tempo
ponteiro ramificado do tempo dos olhos de deus
ergue teus ramos por sobre a justiça

abriga os desígnios maternos sem pena
desenhista dos ventos que nos chega
pai do clima e dos colapsos
galhos que dançam entre o insano e as
raras folhas verso da noite e cura

Iroco, eró!

meus olhos baixos, meu peito aberto
meus sonhos estendidos sementes possíveis

Iroco, eró!

janelas que dançam intranquilas, cortinas brancas
esvoaçantes
medo de ver o que é segredo e fazer sentido
que Iroco são os olhos imparáveis da vida

Tempo espelhado

o chão entardecido é toda nossa distância
assombra
me sinto pequeno,
e ele é imensamente diferente de mim

sei que me olha quando não vejo que posso,
ele não gosta, mas acolhe,
é uma praia em maré baixa para um veterano barco

eu vou ao seu encontro
inevitavelmente
ele caminha e eu tenho pressa de saber

os caminhos são estradas sobre as dúvidas
ainda que tome outra decisão, eu chego nele
destino é mais que a irrecusável melhor proposta
que eu me fiz
é o sentimento de ter rumo

saber o que diz o topo da árvore
quando o vento a encanta
eu chego a ele
e não tenho mais medo de me olhar tanto no espelho
(a salvação é um abraço eterno)
as pessoas passam e ele não
as escolhas foram, ele não

ele sempre me disse sim,
aceito entender que verdades adormecem,
e este aqui eu sou!

A língua das árvores

Por ora, as cortinas fechadas abrem para outras formas de ser: a demaquilagem do a(u)tor que jamais pôde vestir-se de irreal, corpo cheio de cesuras por onde espia o mundo e tece remendos de alma. É como que, aos fardos, o poeta montasse esse grande palimpsesto composto de riscos sobre riscos, de pedaços de corpos inteiros e férteis, cheirosos como um requintado prato de dendê e fruta-pão. Esta poesia é alimento!

É desse alguidar poético entregue *Aos meus homens* que foram cavadas fundas as linhas de Marcelo Ricardo, um cortejo em que dançam vidas negras que nunca se explicaram como corpo-coisa, e seguem alinhavando palavras que não rimam amor com dor. Mas desafiam a superfície das normas e escrevem em direções possíveis para viver de todas as formas em gozo. Esta hora que marca a saída é também via de entrada, porque, na poesia, a ordem é a que faz sentido para o leitor, e não uma linha rígida de conduta.

Seguimos atingidos pelos encontros amorosos que firmam nossos passos em terreno, a um só tempo, amoroso, movediço e renovador. O autor nos dá a chance de viver o amor pelo pai, numa chance de nos posicionarmos contra as desumanizações produzidas pelo cancelamento dos afetos entre as pessoas negras, a grande estratégia mercante que autorizou a escravidão e, ainda hoje, garante a negação cidadã de pessoas negras. Amar é a reverberação da nossa ancestralidade, ser amado é a possibilidade de estar vivo com todos os seus.

Por esse motivo, o amor – tornado clichê pela poesia de quem dorme, como diz Conceição Evaristo, em "sonos injustos" – desperta, a plenos pulmões, a nossa agência jamais aniquilada, reexistente em todas as direções. É nessa chave que aparece o amor com homens, os homens que se movem em corpos plenos de afeto, interesses, medos, vontades e cheiros que conduzem à afirmação da vida. Homens plantas, pessoas frutíferas..., o azedume de um beijo, a aflição dos abraços, tudo isso ritmando as cores da *Poética Adé* de Marcelo Ricardo, com estes dedos riscados em direção ao outro, envolvendo ocós.

Em "Manga", "Chupa, amor/Até amarelar os dentes/Nos fiapos de mim", estão expostas as condições de produção da vida afetiva: uma tonteira provocada pela poética em que se saboreia o sexo do dia a dia, nas dobras de nossas dificuldades de sobreviver a dois, de comer, ter saúde e vida próspera. Fiapos, perto do suco que dá vida, o axé que nos torna possível dentro de todos os segredos que das aves sagradas que espiam o mundo do alto baobá.

Para quem lê de longe, no frio das encostas dos sentidos, este texto tem um tom de silêncio cotidiano. É verdade, mas também equê!, isto é, a nossa maneira de existir negro-*gay*-vivo que ama e inventa uma linguagem ritual para isso, que se defende da violência rácio-homofóbica e que traz água limpa para pés calejados. Quem se dobra à linguagem ricardiana aprende a falar pelos olhares confessos, pelas mãos convulsionantes de prazer, pela amplitude das pupilas e pela sudorese irradiante do encontro. Esse idioma do corpo, lido nestas páginas secas, são pura ilusão. O que há aqui é torrente, cio das palavras a fecundar esta Terra estéril de amor diverso.

É preciso também cercar-se de astúcia. O texto conta tudo nas esquinas, é preciso reler do meio para o fundo e seguir outras direções até o início! Há narrativa com os itans do Candomblé conhecidas aqui e acolá pelos trabalhos etnográficos, mas aqui estão relidos como quem conta um conto e grifa muitos pontos, pois essas narrativas negro-brasileiras são aprendidas quando se senta em uma esteira e se compreende pelo olhar do mais velho que a vida é Sankofa – o grande pássaro que nos abriga entre todas as temporalidades. De agora em diante, *Sankofilia*dos, estamos em Tempo.

Uma pílula que queremos contar dessa perspicácia virá em "Abebé de Oxalá", em que, para todos os elementos da divindade que veste branco e que tem papel primordial nesse processo, temos o friso do gênero. Abebé, instrumento ritual compreendido como um elemento entre leque, espelho e arma, foi apreendido pelo imaginário da hetero norma como signo do feminino. Acontece que o grande Oxalá, Epa Babá!, carrega também um abebé, o que, de longe, susta as sintaxes de gênero que povoam o nosso imaginário sexista e homofóbico.

Dito isso, vem o mais interessante, o poeta capta esse elemento fundamental para a experiência do particular – a grande lição para o povo de santo –, do que importa nesta hora: "[...] tua saia longa cambaleia/no corpo que macho fêmea se criou/com todo respeito que temos à origem". O abebé de Oxalá é a chance de desfazer gêneros rígidos inventados em nome de uma honra autoritária que nos dizima há tempos. Oxalá não é homem tal qual homem se fez entender hoje em suas práticas de violências; Oxalá dança com abebé em ritmo muito lento, porque sabe andar na hora de chegar: nem antes, nem depois. Quem aprende com esse Orixá caracol a trilhar os caminhos de paz está pronto para compreender que "abebé de Oxalá/ fica tão frio prata/e não descansa enquanto não vê a paz chegar". E a paz aqui é o fim das desigualdades de raça, de gênero, de classe, de sexualidades.

É dessa alta árvore que desce à terra da Bahia para os confins do mundo a palavra-Ero de Marcelo Ricardo, "[...] olhos imparáveis da vida". Quem puder escutar a linguagem de suas folhas não perca, então, as asas deste livro, que segue em forma de oração. Axé ô!

Arivaldo Sacramento de Souza
Poeta pouco prosador, doutor em Letras e Linguística (UFBA),
Filólogo

O projeto tem apoio financeiro do Estado da Bahia através da Secretaria de Cultura e da Fundação Cultural do Estado da Bahia (Programa Aldir Blanc Bahia) via Lei Aldir Blanc, direcionada pela Secretaria Especial da Cultural do Ministério do Turismo, Governo Federal.

Esta obra foi composta com fonte Bembo 12 pts, impressa em papel Polén bold 90g e impressa na gráfica **Exklusiva**, em Curitiba para a Editora Malê, em março de 2021.